第二次世界大戦
アメリカの敗北

米国を操ったソビエトスパイ

渡辺惣樹

文春新書

1176

はじめに　書き換えを迫られる日米近現代史

一九九五年、米国情報公開法（Freedom of Information Act）に基づいて「ヴェノナ」と呼ばれる機密文書が公開された。同文書は、米国陸軍情報部通信諜報局（Signal Intelligence Service：ＳＩＳ、のちに米国家安全保障局〈ＮＳＡ〉に発展）が一九四三年二月から開始したソビエト外交文書暗号解読の記録である。

一九四三年初め、二年前の六月二二日から始まっていた独ソ戦を、両国は秘密裏に終わらせようとしているのではないかとの噂が広がった。ソビエトには、第一次世界大戦期、ドイツと突然に単独講和（ブレスト＝リトフスク条約。一九一八年三月）し、連合国を危機に陥れた過去があった。アメリカはその歴史が繰り返されることを危惧した。これが「同盟国」ソビエトの外交文書暗号解読プロジェクト（ヴェノナ計画）を始めた理由であった。これを指揮したのはソビエト嫌いのカーター・クラーク大佐だった。[*1]

ところがこのプロジェクトは思いがけない方向に進んだ。小規模で始まった暗号解読チームが、ワシントンやニューヨークとモスクワの間で頻繁に交信がなされていることを突き止めたのである。文書量は膨大で、「ワンタイム・パッド」と呼ばれるシステム（一回限りの乱数表に基づく暗号鍵を利用する高度な手法）で暗号化されていた。[*2]

ようやく解読の端緒をつかめたのは一九四六年のことである。対枢軸国の戦いは終わっていたが解読作業は継続された。その過程で、アメリカ連邦政府中枢にかなりの数のソビエトスパイが潜んでいることが知れてくる。ただ暗号に登場する個人名は特殊なコードネームに変換されていたため、スパイが誰であるかを特定できなかった。

この作業に思わぬ援軍が現れた。戦後になってソビエト諜報関係者の亡命が相次いだのである。さらに複数のアメリカ人スパイが自ら連邦捜査局（Federal Bureau of Investigation：ＦＢＩ）に出頭した。彼らはスパイが誰であるかを告白した。それまでに解読されていた暗号文書と告発された人物名を対照することで、コードネームでしかわからなかった人物が特定された。

ヴェノナで解読された情報はその性格上極秘であった。計画の存在さえもごく少数の関係者しか知らないことだった。収集された情報も極秘にされた。当時、政府中枢でヴェノナ文書にアクセスできたものはジョン・エドガー・フーバーＦＢＩ長官だけだったようだ。フランクリン・デラノ・ルーズベルト大統領（以下ＦＤＲ）も、その死後を襲ったハリー・トルーマン大統領もその情報共有ループから外されていた。

ヴェノナ解読チームは政府中枢にいる何人かがスパイであることを突き止めた。その中に、財務省ナンバー2のハリー・デキスター・ホワイトと、国務省高官のアルジャー・ヒスがいた。司法当局（FBI）は、二人を含む容疑者らの監視を始めたが、そのころにはカウンターインテリジェンスを警戒するモスクワからスパイ行為停止命令が出ていた。そのため訴訟を維持するに足る証拠を見つけられなかった。

そうした状況の中でワシントンの議会下院（非米活動委員会〈HUAC〉）が動いた。同委員会が疑惑の高官たちを喚問したのである。彼らの発言は怪しかったが、逮捕できるほどのものではなかった。委員会の調査は「スパイ疑惑」を晒《さら》したものの中途半端に終わった。のちに、アルジャー・ヒスは起訴され有罪となったが、その罪は非米活動委員会での偽証の罪であり、スパイ罪ではなかった。刑期を終えたヒスはその後も無罪の主張を変えなかった。

したがって、一九九五年のヴェノナ文書公開までは、この二人に代表されるソビエトスパイがアメリカ外交にもたらした影響について具体的に触れることは難しかった。しかし、今では彼らがスパイであったことは間違いない事実とされ、それを前提として歴史を叙述することが可能になっている。

本書は、二人のスパイ（ホワイトとヒス）の行状に焦点をあてながら、近現代史の再叙述を試みたものである。従来の歴史書には、ソビエトの諜報活動という「横糸」はまったくと言っていいほど使われていない。使えなかった「横糸」を織り込んで歴史を語った時にいかなる風景が現れるのか。それが本書のテーマである。読者はその見慣れない光景に戸惑《とまど》うに違いないが、近現代史理解の新視点を提供できたのではないかと思っている。

テーマの性質上、本書の記述は編年体にはできなかった。読者の便宜のために年表を巻末に用意したので参考にしていただきたい。

注

＊1、2：ジョン・アール・ヘインズ＆ハーヴェイ・クレア『ヴェノナ』中西輝政監訳、山添博史他訳、ＰＨＰ研究所、二〇一〇年、三一頁。

第二次世界大戦　アメリカの敗北——米国を操ったソビエトスパイ　目次◎

第3章　アルジャー・ヒス　ヤルタ会談の黒幕にして国連を作った男　113

終章　「戦勝国」アメリカの敗北　287

第1章　モーゲンソープランの非道

第一節　「ルーズベルト家の娘」の悔恨

現代日本人でアリス・ルーズベルト・ロングワースを知るものはほとんどいない。ミドルネームにルーズベルトとあるように、彼女はルーズベルト家の一員である。

日露戦争の講和交渉に「中立の立場」で仲介に入ったのは当時の米国大統領セオドア・ルーズベルト（以下T・ルーズベルト）であった。その結果、日露間でポーツマス条約（一九〇五年）が成立したことはよく知られている。アリスはT・ルーズベルトの愛娘である。母親はアリスを生んですぐに亡くなったこともあり、大統領はアリスをことのほか可愛がった。彼女は美しい娘だった（一五頁の写真参照）。

T・ルーズベルトは海軍次官の職を擲《なげう》って米西戦争（一八九八年）で戦った。彼が率いた陸軍志願兵部隊ラフライダーズのキューバでの活躍は国内で広く報道されたこともあって時の人となった。その彼を一九〇〇年の大統領選挙で副大統領候補に抜擢することで勝利したのが、現職大統領ウィリアム・マッキンリーだった。マッキンリーは再選を果たしたが翌〇一年九月に暗殺された。その結果、T・ルーズベルトが大統領に昇格した。アリスは忽《たちま》ちプリンセスに擬《ぎ》せられた。皇室の無いアメリカでの「皇室外交」は大統領の家族が担う。アリスはその先頭に立つことになった。

彼女が日本との「皇室外交」に臨んだのは一九〇五年夏のことだった。七月二五日、米パシフィック・メール蒸気船会社所有の大型客船マンシュリア号で横浜にやってきたタフト外交団に彼女の姿があった。当時、日本は日露戦争のさなかだった。

アリス・ルーズベルト・ロングワース
（1884–1980）

後にT・ルーズベルトの後継大統領となるウィリアム・タフト陸軍長官を団長とするこの外交団の来日目的は、フィリピンと朝鮮の覇権を日米相互で容認（バーター）する密約を交わすことであった。当時のアメリカは米西戦争で手に入れた（形式的にはスペインからの買収）フィリピンの安全保障に自信がなかった。フィリピンでは民族派の独立運動が続いていた。彼らは日本に支援を求めていた。アメリカの西漸《せいぜん》による国土拡大のロジックは、「未開人（アメリカ先住民）」を啓蒙することにあった。それが神から与えられた崇高な使命であり、「明白なる使命（マニフェスト・デスティニー）」であった。しかしカリフォルニアまで到達すると広大な太平洋がこれ以上の西漸を遮《さえぎ》った。アメリカにフロンティアが消えたのである。歴史家フレデリック・ジャクソン・ターナーが、フロンティアの喪失が、開拓魂の上に成立しているアメリカ人の精神に与えるインパクトの深刻さについて考察したのは一八九三年のことだった。[*1]

しかしアメリカは新たな未開の地をすぐに見つけた。それが米西戦争で得たフィリピンであった。太平洋の西端の島嶼《とうしょ》が西漸運動のフィナーレとなった。アメリカは北米大陸西漸の過程でアメリカ先住民との間で戦いを繰り広げた。「未開人」の彼らに農業を教え定住生活に教え導くことが、彼らのマニフェスト・デスティニーだった。その過程で少々乱暴な行為（虐殺）があっても致し方ない。あくまで「未開人」の啓蒙のためであり、結局彼ら自身の将来のためである。このような考えこそがアメリカの西漸運動正当化のロジックとなっていた。だからこそ、一九世紀最後に獲得した未開の地フィリピンの啓蒙作業を成功裏に終えたかった。マニフェスト・デスティニーを有終の美で飾りたかった。その作業を誰にも（どこの国にも）邪魔されたくなかった。

米陸軍による独立民族派への水責めの拷問

そのとき「フィリピン土人（独立民族派）」の首領エミリオ・アギナルドが支援を求める日本は「マニフェスト・デスティニー物語」最終章の邪魔者となっていた。「フィリピン啓蒙作業」は簡単ではなかった。アメリカの西漸運動の成功の大きな理由は人口希薄な土地への西進にあった。彼らの啓蒙運動に抵抗するアメリカ先住民の数は少なかった（正確には人口密度が希薄だった）が、フィリピンは違った。人口は七五〇〇万もあった（一九〇三年調査）。その上、長期にわたるスペイン支配でフィリピンの社会制度にカソリックキリスト教会ががっちりと根を下ろしていた。教会はフィリピン最大の土地所有者であり、統治の重要な機関でもあった。統一言語もなかった。

従ってアメリカの啓蒙作業はこれまでにない困難に遭遇した。アギナルドの率いる独立民族派をまず鎮圧しなくてはならなかった。その作業はアーサー・マッカーサー陸軍将軍に任された。ダグラス・マッカーサー将軍の父である。彼の軍政長官時代（任期：一九〇〇〜〇一年）の民族派への弾圧はすさまじかった。

米陸軍による弾圧の一方で啓蒙の作業が始まった。その先頭に立ったのが民政長官ウィリアム・タフトだった（任期：一九〇一〜〇四年）。進歩主義に立つタフトは真面目にその作業に取り組んだ。フィリピンの近代化を阻《はば》んでいるのがカソリック教会の土地支配（注：信者の寄進の結果として大地主となった）にあると考えたタフトはバチカンと交渉し、教会所有の土地を買い上げ、購入資金を低利に提供することで自作農を増やした。またアメリカ国内から若者を招き英語教育にあたらせた。統一言語を導入しなければフィリピンの近代化は出来なかった。

タフトをワシントンに戻し陸軍長官（任期：一九〇四〜〇八年）に抜擢したのがT・ルーズベルト大統領だった。フィリピンの啓蒙に尽力したタフトは、その作業の継続を邪魔されたくなかった。邪魔者の筆頭は日本であった。日本に朝鮮を与えれば（委ねれば）、日本の目を北に向けられると考えた。

しかしフィリピンと朝鮮の覇権をバーターすることは公にはできなかった。アメリカは米朝修好通商条約（一八八二年）を結んでおり、その第一条はアメリカに朝鮮の権益を保護する義務のあることを規定していた。もちろんアメリカの外交指導に朝鮮が応え、近代化を日本のように進めていくことが前提だった。しかし、朝鮮王朝は全くその気配を見せなかった。

T・ルーズベルト大統領はそれに苛立ち、朝鮮の運営（近代化作業）は日本に任せたいと考えていた。従って、日本の目を朝鮮に向けさせることはアメリカにとって二つの意味を持つことになった。面倒な朝鮮近代化作業を日本に任せ、かつフィリピンへの関心を捨てさせることであった。朝鮮に深入りすることに消極的だった伊藤博文が動かざるを得なかったのは、アメリカの圧力があったからであった。一九〇五年一一月には第二次日韓協約を締結して朝鮮王朝から外交権を剝奪し、一九一〇年には併合となった。

日露戦争ではアメリカは中立の立場を維持していた。フィリピン・朝鮮のバーター交渉がタフト外交団の外交日程に組み込まれていることは、内密にしなくてはならなかった。両国が友好国ではないかと疑われてはならなかった。タフト陸軍長官の訪日はあくまでフィリピン視察の途次に立ち寄る表敬訪問とした。そうしなければ日露交渉の仲介役にはなれなかった。

七月二六日、タフト外交団は明治天皇に謁見した。それに続いた昼餐会では天皇はアリスを隣席に座らせ、父セオドアのことを繰り返し話題にした。翌朝タフトは桂太郎首相との協議に臨み、フィリピン・朝鮮の相互承認について合意をみたが、言うまでもなく秘密協定となった（桂・タフト協定）。日本の朝鮮覇権を認めたのはアメリカであり、そのイニシアチブを取ったのもアメリカであった。だからこそ一九〇五年にも一九一〇年にも諸外国からの反発がなかったのである。

この協定からおよそ四〇年が過ぎた一九四三年一二月一日、連合国首脳は第一回カイロ会談を終えると共同声明を発表した。朝鮮については次のように主張した。

「三国（米英中）は、奴隷状態に置かれている朝鮮の人々を憂い、時機を見た上で、朝鮮は自由となり独立すべきであると考える[*2]」

日本が近代化し法治を行き渡らせていた朝鮮の実態と、米国こそが日本に朝鮮の近代化（啓蒙作業）を任せた歴史的経緯を全く無視した声明だった。

タフト外交団にはワシントンの有力議員も随伴していた。タフトはフィリピンを去った後も、その将来が気になっていた。啓蒙作業の継続には十分な予算を必要とした。ワシントンの有力議員に同国の事情を分かってもらいたいと願い、彼らをフィリピン視察の旅に誘った。フィリピンに関心を示し、外交団に加わった議員の一人にニコラス・ロングワース下院議員（オハイオ州、共和党）がいた。

船旅は恋を育む。アリスはロングワースとの恋に落ちた。二人がホワイトハウスで結婚式を挙げたのは翌〇六年二月一七日のことである。ロングワースは彼女より一回り以上年長だったが、T・ルーズベルト大統領を支える共和党の有力議員だっただけに父親の反対はなかった。

アリスには同い年（一八八四年生れ）の従妹がいた。叔父（父の弟）エリオットの娘エレノアである。父エリオットはアルコール依存症に苦しんだ末自殺した。母はその二年前に世を去っていた。彼女自身の容姿も目立つものではなく、性格は暗かった。

ルーズベルト家は早い時期からアメリカに

エレノア・ルーズベルト（1884–1962）

若き日のフランクリン・デラノ・ルーズベルト

やって来た東部エスタブリッシュメント（WASP）の家系だった。ニューヨークのオランダ系WASPはニッカーボッカーと呼ばれていた。ルーズベルト家には二つの家系があった（オイスターベイ系、ハイドパーク系）。誰もが大統領をも生んだ「ルーズベルト」の姓に誇りを持った。そうしたこともあってルーズベルト一族の若者はニューヨーク市内のレストランに時に集まり交流を盛んにしていた。そうした若者の一人がフランクリン・デラノ・ルーズベルト（FDR）だった。

彼らの間ではハンサムなFDRのお目当てはアリスだと思われていた。しかし彼が目を付けたのはエレノアだった。フランクリンの心理がいかなるものであったかは推測するしかないが、T・ルーズベルト大統領に接近したいという思惑があったことは想像に難くない。アリスは、社交的であり早熟であった。そうした女性は同世代の男を物足りなく思いがちである。FDRにはアリスは手に負えないタイプの女性だった。

一方のエレノアは内気だった。それでもFDRはエレノアを選んだ。二人がニューヨークで結婚したのは一九〇五年三月一七日のことである。アリスがタフト外交団の一員として日本に向かう少し前のことであった。セレモニーでは仲の良かったアリスが彼女の手を引いた。エレノアの父親代わりとして現職大統領T・ルーズベルトの姿もあった。多くの記者が取材に現われたが彼らのお目当ては新婚のカップルではなく大統領であった。

FDRはハイドパーク系であり、エレノアはオイスターベイ系だった。二人の生物学的血縁の度合いは薄かった。現代的感覚では赤の他人の距離である。しかし、FDRはこの結婚を機に一気に現職大統領の（義理の）甥の立場を獲得した。

民主主義も腐敗とは無縁ではない。この時代のニューヨークもそうであった。実業家（界）も労働者（団体）も政治家との裏のコネクション作りに精を出していた。若きFDRはルーズベルトの名前を活かしてニューヨーク州議会議員（民主党）に当選し、州都アルバニーに暮らした（一九一一～一三年）。州議会議員時代のFDRは政治腐敗を嫌った。後に政敵になるハミルトン・フィッシュ（共和党）も同時代に州議会議員であったが、この時代のFDRについては一定の評価をしている。

ＦＤＲは一九一三年には前年の大統領選挙の応援で功を挙げたことから、ウッドロー・ウィルソン新政権の海軍次官に抜擢《ばってき》された。ＦＤＲはその後ニューヨーク州知事を経て一九三二年の大統領選挙では民主党候補となり、現職候補ハーバート・フーバーを破って当選した。彼の出世には三つの要因があった。一つはＴ・ルーズベルト大統領の（義理の）甥という毛並みの良さであり、二つ目は演説の巧みさだった。ただ現代の日本の政治家の言動からも類推できるように、弁舌の爽やかさと政治能力には何の関係もない。三つ目は労働組合を中心としたいわゆる左翼系団体の支援であった。ＦＤＲは政治の澱《よど》みを掃除するよりも、それを利用する側に立場を次第に変えていたのである。彼の属する民主党自体が組合組織や移民団体に媚《こ》びを売って勢力を伸ばした政党であったから、党の色（体質）に染まっただけかもしれなかった。アリスは、ＦＤＲのその変質に気付いていた。

ＦＤＲが大統領就任後すぐに実施したニューディール政策は、経済の国家統制を進めながら大型公共投資でとにかく「金をばら撒《ま》く」手法だった。国家予算をふんだんに得た組織が民主党支持を強めた。ＦＤＲはニューディール政策の失敗に気付くと、今度は戦争経済で景気回復を目論んだ。ヨーロッパやアジアの騒乱に積極的に介入することで、ついには三選を果たした。

幼いころからＦＤＲを知っていたアリスは、彼の政治手法に否定的だった。親友であったエレノアが、大統領夫人になって「進歩主義」のファーストレディを気取ったことにも批判的だった。ＦＤＲは自身の秘書との不倫が「ばれた」ことでエレノアとは仮面夫婦となった（一九一八年）。彼は多くの愛人を持つ一方で、エレノアの自己顕示欲を満たすためにリベラル系団体の幹部に据え、進歩派女性のリーダーの立場を満喫させた。内気だったエレノアの危なっかしい変貌を、アリスははらはらしながら見ていたのである。

戦後になると、アリスはＦＤＲの指導した先の大戦の結果に幻滅した。ヨーロッパでもアジアでも、共産主義国家ソビエトを民主主義国家の一員として連合国に組み入れたＦＤＲとウィンストン・チャーチルの外交の過《あやま》ちが現実のものになっていた。

ソビエトが「解放」したポーランドは共産化し、東部ドイツ（ソビエト占領地域）からはありとあらゆる工業機械がソビエトに搬出された。共産主義者の支配地域からは多くのドイツ系住民が西に逃げた。ベルリンでは、女性は老いも若きも身体を売らなくては生きていけなかった。中国では日本軍が撤退したことで共産党勢力が勢いづいた。ソビエト赤軍が日本軍から接収した大量の武器を共産党軍に流した。その結果、共産党軍は国民党軍との戦いを有利に進めていた。

ＦＤＲは一九四五年四月一二日に死去した。彼の死から暫くしてドイツ（五月）と日本（八月）が降伏した。連合国の勝利にもかかわらず、世界には何の安定も生まれなかった。アリスはそれを嘆いた（一九四六年）。

「歴史は私の思いが正しかったことを示していた。第一次世界大戦は、勝者も敗者もない形で終わらせなければいけなかった。今の状況をみれば、一九一四年あるいは一五年の段階でドイツに勝ってもらっていたほうがよかったのではなかったかとさえ思える。そうなっていればヒトラーも生まれなかったし、ソビエトがエルベ川（現ポーランド・チェコ国境地帯を流れる）にまで侵出してくることもなかった。ドイツにあの不幸（訳注：ベルサイユ会議でのドイツに対する不正義）がなければドイツ人の性格があのように（攻撃的に）なることはなかったと思う」

「私は先の戦い（第二次大戦）では、（大陸問題非干渉を主張したため）英国嫌いだと糾弾された。実に馬鹿げた批判だった。私は、我が国の外交が『英国が好き』だという昔ながらの感情に押し流されてはならないと主張しただけだった。国益をまず考えること。それが英国の方針と合致するならそれでよい。フランクリン（ＦＤＲ）はチャーチル同様に外交を誤った。確かに英国が（ドイツに）敗れれば、我が国の安全保障にとっては危ないことではあった。しかし、英国支援の条件として、チャーチルにはその外交を『より妥協的なものにすること』という一項くらいは付けることができた。ヒトラーやその追随者には厳しくてもよかったが、ドイツ国民の反発についてはそうした態度で対処する姿勢が必要だった。そして、スターリンを無条件で支援するなど狂気の沙汰だった。ドイツや日本（の全体主義）に代わって、ソビエトの帝国主義を世界に拡散させてしまった[*3]」

アリスは、FDRの介入主義的外交はドイツや日本を刺激するだけで、両国との妥協点を模索する姿勢に欠けることを知っていた。一九四〇年九月、そうした考えを持つ人々がアメリカ第一主義委員会を立ち上げ、FDRに外交の修正を迫った。彼女もその会員となった。しかし、同委員会は、日本の真珠湾攻撃でその活動を停止した。「アメリカが攻撃されない限り他国での戦争に不介入であるべきだ」と国民に訴えてきただけに、現実にアメリカが攻撃される事件（真珠湾攻撃）が起きてしまうと、そのレゾンデートルを失い、解散した。

アリスはそれでもヨーロッパの戦いへの不干渉の主張は正しかったと信じていた。同時に自責の念もあった。エレノア、そしてその夫のFDRとは幼い時代を共に過ごした。FDRは父T・ルーズベルトの威光を得て政治の世界に入った。FDRに極めて近い距離にありながらFDR外交を修正させられなかった力不足を嘆いたのである。

注

＊1：Frederick Jackson Turner, The Significance of the Frontier in American History 一八九三年シカゴ万博に集まった歴史家の会合でのスピーチ。
＊2：ハーバート・フーバー『裏切られた自由（上）』渡辺惣樹訳、草思社、二〇一七年、六一八頁。
＊3：Stacy Cordery, *Alice*, Viking, 2007, p433.

第二節　モーゲンソー　「隣組」から財務長官へ

アリスを嘆かせた理由の一つに敗戦国ドイツの惨状があった。ヒトラー政権は最後まで戦い抜いた。その理由はカサブランカ会談でのFDRの発言にあった。彼は会談終了後の記者会見で次のように述べた。

「（私とチャーチル首相は）ドイツ、日本およびイタリアには無条件降伏を要求することを決定した」（一九四三年一月二四日）

実際には合意などされていなかった唐突な発言だったが、チャーチルはこの発言を追認した。これで日本もドイツも最後まで戦わざるを得なくなった。無条件降伏要求が「無条件の抵抗」を生んだ。幸い日本は統治組織を残したままでの敗戦となったが、ドイツは違った。国家システムが完全に破壊されての敗戦であった。FDRの世論受けを意識した軽率な発言が生んだ悲劇だった。

FDRもチャーチルも、日独両国をファシズムあるいは全体主義・軍国主義の悪魔の国（民主主義国家の敵）として国民に説明した。それを聞いた英米国民は戦意を高揚させた。一方で国民には共産主義国家ソビエトは民主主義国家であると説明した。ところが「二つの悪魔の国（日独）」を敗戦させた後に何が起こるか考えていなかった。

要するにこの二人には具体的な戦後構想はなかったのである。栄光の大英帝国維持だけがチャーチルの思いであり、ＦＤＲには四人の警察官（米英ソ中）で世界秩序（和平）を再構築するというおとぎ話のような夢想があったに過ぎなかった。ＦＤＲは四人の警察官による新集団安全保障機構（国際連合）が出来上がった暁にはその長になると夢想した。

ＦＤＲは真の意味での歴史を学んだことはなかった。彼がたまに読む書は戦史ものばかりで、とても歴史書とは言えなかった（ハミルトン・フィッシュ）。同時代人の多くがＦＤＲが読書をする姿を見ていないと証言している。マルクスやレーニンの著作を読んで研究していたという記録もない。だからこそ彼は共産主義思想の本質を知ることはなかった。彼は、共産主義国家ソビエトは民主主義国家の亜流であり、共存が可能であるとナイーブに考えた。

国務省のソビエト専門家ジョージ・ケナンは「資本主義と共産主義の共存は不可能だ」と報告していたが、そうした専門家の意見を一顧だにしていない。政権を奪取すると、その一年目に歴代の大統領が拒否してきたソビエトとの国交を樹立した（一九三三年一一月）。「ソビエトとの貿易は一九二九年に始まった世界恐慌からの回復に有効である」――ただそれだけの理由でソビエトを承認した。ソビエトの危険性には、ＦＤＲの憧れたウッドロー・ウィルソン大統領（民主党）も気付いていた。だからこそアメリカは、ソビエト成立後一一年間にわたって国家承認を拒否していたのだった。

FDRは日本を経済的に追い詰めて自殺的な真珠湾攻撃を決断させた。それを機にアメリカは参戦を実現し、狙い通り「民主主義の大敵」日独両国を叩きのめした。一方で、彼には前述の四人の警察官構想しかなかった。日独には共産主義国家ソビエトの東進西進を押さえる防波堤の役割があったことを理解していれば、彼の外交はもっと違ったものになっていたはずだった。

こうしたFDRの無知に早くから気付いていた人物がいた。財務長官のヘンリー・モーゲンソー・ジュニア（一八九一～一九六七年）である。

モーゲンソーはFDR政権第一期からずっと財務長官を務め、FDRの死（一九四五年四月一二日）によってその座を去るまでおよそ一一年間その職にあった。モーゲンソーの出世の糸口はFDRの邸近くに自身の邸があったことから始まる。要するにモーゲンソーは、「気の合う隣組」に過ぎない関係から側近にまで駆け上がった人物だった。

モーゲンソーの父はドイツ系ユダヤ人移民でニューヨークの不動産業者だった。一九一二年の大統領選挙ではウッドロー・ウィルソン候補を応援しその当選に一役買った。その論功行賞として駐オスマントルコ帝国大使に起用された。モーゲンソーはコーネル大学で建築学と農学を二年間学んだが学問好きではなく卒業していない。一九一三年、父は息子の将来を憂えてリンゴ園と酪農場をニューヨーク市北方の町イースト・フィッシュキル（ダッチェス郡）に買い与えた。この地はFDR邸のあるハイドパークから車で南に三〇分ほど走ったところにあり、ニューヨーク市に向かう経路にあたる。彼は何らかの偶然でFDR夫妻と知り合った。

ヘンリー・モーゲンソー・ジュニア（左）とFDR

モーゲンソーは一九二二年に農業専門誌「アメリカ農業人（American Agriculturist）」を買収した。一九二八年から三〇年には州の農業諮問委員会委員長を務め、続いて州自然保護委員会の長となった。FDRがニューヨーク州知事（任期：一九二九年一月一日～三二年一二月三一日）であった時期と重なっている。

一九三二年の大統領選で当選したFDRは、翌三三年に政権につくとモーゲンソーを連邦農業委員会（Federal Farm Board）委員長に据えた。ＦＤＲが進めたニューディール政策の農業部門の核になった農業調整局（Agricultural Adjustment Administration：ＡＡＡ）の前身となった組織だった。同年一一月には、財務次官に抜擢され、翌三四年一月には長官に昇進した。こうして経済・財政の全くの素人である人物が財務省のトップとなった。彼は一九四五年七月二二日に辞任するまでの長きにわたってこの職にあったことは、既に述べた通りである。

第三節　ハリー・デキスター・ホワイトの出世

モーゲンソーは膨大な記録を残している。ルーズベルト図書館（ハイドパーク、ニューヨーク州）に収められている資料は、二人の関係の深さとモーゲンソーの思想を如実に語っている。「人生最大の喜びはルーズベルトに奉仕することである。私は彼を愛し尊崇している」と彼自身がお墨付きを与えた評伝に書かれているように、モーゲンソーはＦＤＲに尽くした。[*1] ＦＤＲはその献身に応えた。それが一一年の長きに渡って財務長官の椅子に座り続けられた理由だった。

しかし「実態はモーゲンソーがＦＤＲを利用していた」との解釈も成り立つ。先に書いたように、ＦＤＲにはドイツ、そして日本を叩いたあとには空疎な「四人の警察官」構想（国連構想）があるだけだった。モーゲンソーはそのことを見抜いていた。

ユダヤ系の彼は反ユダヤ人政策をとるヒトラー政権を嫌っていた。アドルフ・ヒトラーは一九三三年一月にヒンデンブルグ大統領によって宰相に任じられ実権を掌握した。彼の台頭とモーゲンソーの出世はパラレルに進行していた。モーゲンソーはヒトラーだけでなくドイツ民族そのものも激しく嫌悪した。「ドイツ民族をこの世から消してしまいたい」――それほど深い憎しみの感情があった。

そのようなモーゲンソーの前に現われた男がハリー・デキスター・ホワイトであった。読者の多くはこの男がソビエトのエージェントであり、日本に対する実質的最後通牒であるハルノートの原案を書き上げた人物であることを知っていよう。しかし、彼の影響力の源がモーゲンソーであったことは知られていない。

ホワイトは一八九二年一〇月、ボストンに生まれた。両親はリトアニアからやって来たユダヤ系移民だった。中等教育を終えると、両親の営む金物屋で働いた。第一次世界大戦が始まると陸軍中尉としてヨーロッパ戦線で戦った（一九一七年四月～一九年一月）。帰国後しばらくしてスタンフォード大学に進み経済学の学位を取得した（一九二五年に修士）。その後ハーバード大学に進み博士号（経済学）を得た（一九三〇年）。ハーバード大学時代、ユダヤ人への冷たい空気を味わい、東部エスタブリッシュメントの世界での出世の難しさを悟った。*2 ハーバードの学友にラフリン・カリーがいる。*3 後にFDRの経済アドバイザーに出世し、戦後、ホワイト同様にソビエトのエージェントであったことが明らかになった人物である。

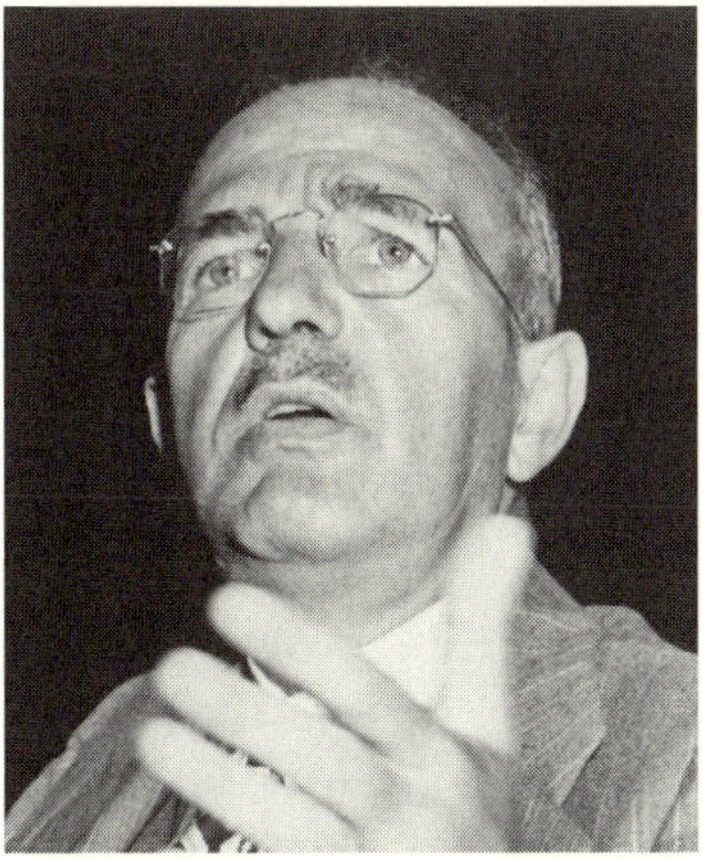

ハリー・デキスター・ホワイト（1892–1948）

東部での出世を断念したホワイトは中西部の大学（ローレンスカレッジ〈現ローレンス大学〉、ウィスコンシン州）で経済学を教えた。一九三四年六月、その彼にワシントン中枢に接近できるチャンスが訪れた。シカゴ大学教授ジェイコブ・ヴァイナー（シカゴ学派、のちの米経済学会会長）から、ワシントン財務省から委託を受けた研究プロジェクトに参加するよう求められた。一度は諦めた東部エスタブリッシュメントの世界での出世のチャンスが突然に舞い込んできたのである。
ヴァイナーは近代経済学の大物学者だった。その彼から招かれた事実からわかるように、ホワイトは確かに優秀な経済学者であった。三四年一一月には財務省リサーチ統計部主任に登用され、四二歳にしてワシントン中枢で活躍できるポジションを得た。ホワイトは忽ちモーゲンソー長官のお気に入りとなった。ハーバードでは不利であったユダヤの出自が今度は有利に働いた。

「ワシントンに赴任した数週間後には、ホワイトは夫婦そろってヘンリエッタ・クロッツと親しくなった。彼女はモーゲンソー長官の秘書であり彼の執務室への門番のような女性だった。彼女とホワイトの妻アンは親密な仲になった。ホワイトはワシントンで出世する男たちの典型であった。自身の出世に役立つものには徹底的に媚びへつらうが、そうでない者に対してひどく不躾《ぶしつけ》だった（brutally rude）」（英国の経済評論家エド・コンウェイ[*4]）

モーゲンソーは、秘書のクロッツを通じて知己になったホワイトを気に入った。ユダヤ人同胞であり、また愛妻家であることにも好感が持てた。モーゲンソー同様に、アメリカ社会におけるユダヤ人に対する侮辱に激しく反発していたこともお気に入りの理由だったが[*5]、経済学者としての優秀さも重要な要素だった。経済・財政の素人モーゲンソーにとっては、信用（信頼）できるテクノクラートが必要だった。そんな彼にとってホワイトは最適の人物であった。ホワイトはモーゲンソーの右腕としてたちまち頭角を現した。

先に書いたようにFDRはハーバード大学は出ているが勉強嫌いで、専門のはずの歴史学でも戦史本を読む程度であり、経済学には全くの無知だった。FDRは「馬の合う」お友達モーゲンソーを財務長官に登用した。モーゲンソーも出来の悪い学生であり経済学の素人であった。

これがホワイトの出世に有利に働いた。ホワイトはFDRとモーゲンソーに経済学の素養がないことに気づいた。彼が財務長官に建言すれば、それがたちまち国家の方針として採用される可能性を見てとった。そして実際、事はそのように進んだ。

FDRはとにかくモーゲンソーを大事にした。あらゆる案件を彼に相談した。モーゲンソーが絶対忠実な部下であると信じ、裏切られない確信があった。だからこそ財務省マターでない案件についても彼の考えを聞いた。大統領のこのような態度によって、モーゲンソーはホワイトハウスの全ての案件に深く関与できる立場を得た。財務省マターでない案件、とりわけ国務省管轄の外交案件にも強い影響力を持ったのもそのせいである。そのモーゲンソーの右腕がホワイトであった。歴史修正主義に立つ史家アンソニー・クベックは次のように書いている。

「モーゲンソー日記を読むと、ホワイトが自身の考えや思い付きを長官に上げることによって次第に財務省マター全般に影響力を持つようになったことがわかる。モーゲンソーはホワイトの建言に基づく考えを大統領に頻繁に伝えた。彼は他の閣僚の誰よりも大統領に近い立場にいた。それが重要な意味を持っていた。閣僚の格付けでいえばモーゲンソーは国務長官の下に位置するはずだった。ハル国務長官は、モーゲンソーがルーズベルトの虎の威を借りて国務省マターに口を出してくることに不満だった」[*6]

日本の運命を決した「ハルノート」を、なぜ国務省の官僚でもないホワイトが書けたのか。読者の多くが訝《いぶか》しく思っていたに違いない。その理由がこれまでの記述でわかっていただけたと思う。

注
＊1：Anthony Kubek, The Morgenthau Plan and the Problem of Policy Perversion, The Journal of Historical Review, Fall 1989
＊2：Ed Conway, *The Summit*, Abacus, 2015, p73.
＊3：同右、p77.
＊4、5：同右、p79.
＊6：The Morgenthau Plan and the Problem of Policy Perversion

第四節　ドイツ民族への復讐計画

モーゲンソーの越権行為に苛立ちを隠せなかったハル国務長官の回想録に以下のような記述がある。

「（モーゲンソーは）ヒトラーの台頭とナチスドイツによるユダヤ人迫害に対して感情的な反発を見せていた。大統領に、国務省が（反ドイツの）方向で政策決定するような期待をさせたり、（そうならない場合は）その方針を変えてしまうようにＦＤＲに教唆した」

「モーゲンソーはドイツの戦後の取り扱い方針についてとんでもない計画（catastrophic plan）を立てていた。それを国務省の了承なしに大統領に承認させようとした。これは彼の越権行為の最たるものであった」*1

上記にある「とんでもない計画」こそが後にモーゲンソープランと呼ばれるものであった。

戦後ドイツの占領方針を検討していたのは当然ながら国務省だった。これには、占領後の軍政実務を担当する陸軍省（ヘンリー・スチムソン長官）も関わっていた。両省がまとめ上げた原案（ドイツにおける軍政の手引き書〔Handbook for Military Government in Germany〕）は一九四四年夏頃に完成した。

一九四四年七月、イギリス南部の港湾都市ポーツマスで対独戦の指揮をとるドワイト・

アイゼンハワー将軍（連合国遠征軍最高司令官）は、ジョージ・マーシャル参謀総長からモーゲンソー財務長官のイギリス訪問を知らされた。訪英の目的はフランスの金融・通貨事情調査ということであった。ドイツ占領下にあるフランス・ヴィシー政権の金融事情をこの時期に調査するなどということは常識的に考えられなかった。

C54輸送機（ダグラス・スカイマスター）がプレストウィック空港（スコットランド）にモーゲンソーを運んでやって来たのは八月六日のことだった。同乗していたハリー・ホワイトは、国務・陸軍省が策定したドイツ占領政策案の「問題点」を、大西洋上の機内でモーゲンソーに解説していた。[*2] モーゲンソーが占領政策原案の全体像を知らされたのは、恐らくこの時が最初だったろう。この案件では、財務省の関わりはあくまで財務金融マターだけであった。計画の全貌を彼は把握できる立場にはなかった。[*3]

モーゲンソー一行はスコットランドから特別車両でポーツマスに移動し、翌七日、アイゼンハワー将軍とのランチミーティングに臨んだ。二人はドイツ占領政策方針について意見を交わした。「現在準備されている方針がドイツに寛容すぎる」と訴えるモーゲンソーにアイゼンハワーがどう応じたかよくわかっていない。相反する供述があるからである（ただワシントンに帰国したモーゲンソーは、アイゼンハワー将軍が彼の考えに完全に同意したとFDRに報告した（八月一九日）[*4]。

八月一〇日、モーゲンソーはチャーチル首相ともランチミーティングを持った。チャーチルは英国が財政破綻状態にあると嘆き、この窮状を救えるのはアメリカ以外にないと訴えた。対独戦争をあくまで回避すべきだと主張したネヴィル・チェンバレン前首相らの英国保守層はこうなることがわかっていた。「対独戦争となれば膨大な国費を費消する。そうなれば世界覇権は完全に米国に握られる。だからこそナチスドイツのやり口が気に入らないとしてもどこかで折り合いを付けなくてはならない」。英国保守派はそのように考え行動していた。そうした保守派のロジックに一切の理解を示すことなく、ただただ反ヒトラー、反ドイツの強気の外交を主張し、議会ではチェンバレン首相の外交は弱腰（宥和的）だ、戦うべきだと訴え続けたのがチャーチルだった。先に触れたアリスの述懐は、チャーチルのこうした好戦的態度をアメリカ（FDR）が是正できなかったことへの悔恨の言葉だった。この時期のチャーチルの嘆きは「自業自得」だったのである。

英国にはもうお金が尽きたと訴えるチャーチルの言葉に、モーゲンソーは冷ややかだった。一方で戦後の英国再興のためにはドイツの経済力が必要になってくるというチャーチルの分析を警戒した。モーゲンソーはワシントンに戻ると、直ぐにFDRのもとに駆け付け、国務・陸軍省作成のガイドラインに示されたドイツへの処置があまりに「ソフト」だと憤懣《ふんまん》をぶちまけた。

「ドイツ（民族）は、徹底的に封じ込めなくてはなりませんし、それは恒久的なものでもなくてはなりません」

FDRは忠臣モーゲンソーの意を汲《く》んだ。スチムソン長官に関係各所に既に配付されていた「ドイツにおける軍政の手引き書」の回収を命じたのである。[*5] ハル国務長官にはその理由を次のように説明した。

「このハンドブックは良くない（pretty bad）。直ちに回収すること。ここに書かれているやり方ではドイツがオランダやベルギーと同じような立場で再興され、ドイツ国民をたちまち戦前と同じような状況に戻すことになる[*6]」

FDRの指示でガイドラインは練り直しとなった。モーゲンソーは新ガイドライン作成にホワイトを関与させた。関与というよりも彼に起草させたと言った方が正確である。日本との戦いを確実にしたハルノートを書き上げた男にとっては難しくない作業だった。モーゲンソーは新ガイドライン作成にあたっての基本原則は、「とにかくドイツ民族の精神をどうにかすること（叩き潰すこと）」であるとホワイトに指示した。

ホワイトは、ドイツ精神を破壊するには工業を根こそぎにしなくてはならない、そのためには心臓部であるルール地方をドイツから切り離すことが有効だと考えた。同地方を国際管理下に置き、そこから上がる収入を連合国への賠償金支払い（二〇年間）に充てる。これがホワイトの案であった。モーゲンソーも、ルールの工業地帯は徹底的に破壊したかっただけにこれを了解した。「ドイツ国民は苦しむだろうが、その時はその時に考えればよい」という態度であった。この案をFDRは必ず了解する。彼にはその確信があった。

ホワイト案が示されるとハル、スチムソン両長官は、「ドイツ民族の激しい恨みを惹起《じゃっき》し、新たな戦争の火種をつくることになる」、「世界はドイツに対して強く同情するだろう」と反発した。

二人の抗議を受けたモーゲンソーはホワイト案をペンディングにすることには同意した。[*7]

それでもドイツの工業力を徹底的に弱体化させ、酪農・農業国に変貌させるというホワイト案の基本構想（deindustrialization）はそのまま残ったのである。「二度とナチスを再興させない」というロジックがこの構想の肝であっただけに、乱暴な手法であっても沈黙せざるを得ない空気が出来ていた。

この方針の実施には英国の了解が必要だった。ルーズベルトがチャーチル首相の同意を求めたのは、第二回ケベック会談（一九四四年九月一一〜一六日）の場であった。いかなる決着となったかはハーバート・フーバー元大統領の回顧録『裏切られた自由』に詳しい。

「このケベック会談では秘密協定があった。その後の世界のあり方に大きな害毒を生むものだった。それは財務長官ヘンリー・モーゲンソーの、ドイツを農業国化させるという構想であった。ドイツはわずかに消費財を生産できる程度の農業国に封じ込めようと考えたのである（後略）」

「大統領と首相（チャーチル）は、ドイツを再軍備させない最良の方策について議論した。この問題はルールおよびザール地方の処理が関わっていた」

「ドイツの金属、化学、電気などの各工業を平和利用から戦争利用に変換することがどれほど容易であったかは、この戦争の苦い経験を通じてはっきりとわかった。また忘れてならないのは、ドイツがロシアなどの隣国の工業の大部分を破壊しつくした事実である。そうした国々が、ドイツに残る工業設備を移設して自国の工業の回復を図ることには正当性がある。したがって、（設備を失うことになる）ルール・ザール地方の工業は閉鎖となる。両地域では、国際機関の監視下で、その工業が解体されなくてはならない。またこの地域が誤魔化《ごまか》しによって再び工業化されることがあってはならない」

「ルール・ザール地方から戦争を可能とする産業を排除する計画は、すなわちドイツを基本的には農業および酪農に依存する国に変えていくことを意味するものである。この計画について首相および大統領の合意をみた」（この文書にはO・K〔キング〕、FDR〔ルーズベルト〕、W・S・C〔チャーチル〕が署名している。日付は一九四四年九月十六日）[*8]（注：キングはカナダ首相ウィリアム・マッケンジー・キング）

先述のように、チャーチルはドイツの復興を望んでいた。英国経済再建のためにはドイツには立ち直ってもらう必要があった。従って米国案（ドイツ農業国化構想）には賛成できなかった。「無慈悲（cruel）で非キリスト教的である」と抗議した。

しかし、チャーチルがこのような反応を示すだろうことはモーゲンソーは織り込み済みであった。先のロンドンでのランチミーティングで得た感触をもとに「お土産」が用意されていた。それが対英六五億ドルの借款であった。「お土産」を受けたチャーチルはドイツ農業国化構想を容認した。[*9]

フーバーの『裏切られた自由』には第二回ケベック会談に出席した米国高官名が列挙されている。その筆頭にモーゲンソーの名が見える。[*10] ところがハル国務長官とスチムソン陸軍長官の名は見えない。モーゲンソーが二人の参加を望まなかったに違いない。ハルとスチムソンを外すことができたからこそ、モーゲンソーは、ケベックでは、まるで国務長官であるかのように振る舞い、管轄外の外交マター（ドイツ占領政策）に関与できた。

ホワイトはケベック会談の少し前の九月二日、国務省・陸軍省の担当者に自身が練り上げた原案をレクチャーした。[*11] 従って両省はケベックではこの案件が議題にあがることを知っていた。それにもかかわらずハルとスチムソンの二人がケベックに現われなかったのは何故なのか。その理由はここまでの説明で明らかであろう。

注

＊1：Cordell Hull, *The Memoirs of Cordell Hull*, Macmillan Co., 1948, vol.1, pp207–208 quoted in “The Morgenthau Plan and the Problem of Policy Perversion”

＊2、4：David Irving, The Morgenthau Plan http://www.fpp.co.uk/bookchapters/Morgenthau.html

＊3：Linda Lee Kruger, *Logistics Matters and the U.S. Army in Occupied Germany, 1945–1949*, Palgrave Macmillan, 2017, p35.

＊5：同右、p36.

＊6、7、9：“The Morgenthau Plan and the Problem of Policy Perversion”

＊8：『裏切られた自由（上）』六八五頁。

＊10：同右、六九〇頁。

＊11：同右、六八七頁。

第五節　モーゲンソープランがもたらした災厄

ケベック合意を受けて陸軍省は新しく、ＪＣＳ一〇六七号（統合参謀本部令）をドワイト・アイゼンハワー将軍に示した（一九四四年一〇月一七日）。この指令は一九四五年四月一二日に死去したFDRの後に続いたハリー・トルーマン新大統領によって追認された（一九四五年五月）。[*1]

ドイツの徹底的な非武装化と農業国化の意図はJCS一〇六七号第三〇項から三三項に明確に示されていた。[*2]

【指示項目第三〇】ドイツの非武装化のために次の措置を取ること。

A　略。

B　民間船建造の禁止、合成ゴム・人造石油・アルミニウム・マグネシウムその他の製造および製造機械生産の禁止、具体的な方法については後日指示。

C　右記製品を製造する施設は接収保護し、以下の処置を取ること。

一　賠償に充てるためにそうした製品の接収。

二　賠償に充てられないもの、あるいは（最低限に認められた）生産に不要な製品は破棄処分。判断がつかない場合は廃棄処分として処理。

【指示項目第三二】連合国によって賠償やドイツ産業の管理および（軍需生産と見なされる産業の）破棄について合意がなるまでは、管理理事会は以下の処置を取るものとする。
一　鋳鉄や鉄鋼、化学品、（アルミニウムおよびマグネシウムを除く）非鉄金属、工作機械、ラジオ、電機機器、自動車、重機、およびそれらに関連する重要部品の生産の禁止（ただし、第四・五項の指示に適うものは除く）。
二　右記に関わる製造工場や工業施設の復旧の禁止（ただし、第四・五項の指示に適うものは除く）。
【指示項目第三三】管理理事会は、消費財生産は容認する。ただし、第四項、第五項に示した管理の目的に沿うものでなくてはならない。すなわち賠償のための工場および機械の接収の障害になったり、（消費財生産のために）輸入を増やすようなことがあってはならない。

ドイツ降伏後の占領政策はこの指令に従った。容易に想像できることだが、上記のような指令を現場レベルで落とし込む実務は簡単ではない。接収された機械類が軍用品を作るものか、あるいは民生品を作るものか容易には判断できない。例えば航空機製造にかかわる部品は多岐にわたる。ネジ一つとってもそれが航空機生産に使われるものであるかもしれない。接収した機械を前にした現場担当者が全ての機械を軍用品扱いしたくなることは想像に難くない。その方が責任を取らなくてすむ。それがドイツでは機械類のほとんどが動きを止めた理由だった。

ＪＣＳ一〇六七号に基づくドイツ占領政策は一九四五年秋から本格化し、一九四七年七月まで続いた。この間、ドイツの再建は一向に進まなかった。それが起案者（ホワイト）の狙いだけに当然と言えば当然であった。ソビエト占領地域ではあらゆる機械類がソビエトに運ばれていった。西側三国（米英仏）管理地域には周辺諸国から追放されたドイツ系住民が続々と逃げ帰ってきた。

敗戦前のドイツは、工業製品を周辺諸国に販売し不足する農作物輸入に充てた。機械を奪われたドイツはそれが出来なくなった。ＪＣＳ一〇六七号の「効果」であった。敗戦国ドイツは飢饉に襲われた。この時期にどれほどのドイツ人が食糧不足で死んでいったか正確なところはわからない。カナダ人研究家ジェイムズ・バックの著した『罪と情け（Crimes and Mercies）』[*3]によればドイツ国内の民間人五七〇万人、東部ヨーロッパから排除されドイツ本土に戻ったドイツ系二五〇万人、戦争捕虜一一〇万人、つまりおよそ九〇〇万人が死んだとされている。この時期の米国が引き起こした悲劇について語られること

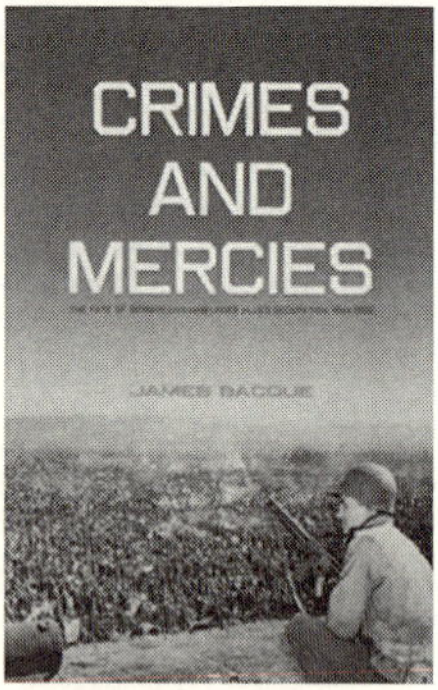

ジェイムズ・バック著『罪と情け』（2007）。占領下のドイツ人キャンプを見つめる兵士が表紙となっている

はほとんどない。日本の学校教育では全く触れることはない。そうした事実を指摘するものは「歴史修正主義者」と罵倒《ばとう》される。ところが、『罪と情け』に対する批判はほとんどない。その理由は、この書がドイツの苦境に救いの手を差し伸べたアメリカの良心についても触れているからである。それが次節で扱うハーバート・フーバー元大統領によるドイツ救援事業である。

モーゲンソープランはアメリカの負の歴史である。次第にそうした事実に言及できるようになってきた。歴史をイデオロギーで書かない態度が歴史修正主義である。

注

＊1：ＪＣＳ一〇六七号の原文はインターネットを通じてアクセス可能である。
https://en.wikisource.org/wiki/jcs_1067

＊2：『裏切られた自由（下）』四〇八頁。

＊3：James Bacque, *Crimes and Mercies: The Fate of German Civilians Under Allied Occupa-*

tion, 1944–1950, paperback, Talonbooks, 2007

第六節　フーバー元大統領のドイツ視察

前頁に示したのは、前節で紹介したジェイムズ・バックの『罪と情け（Crimes and Mercies）』の表紙である。家を破壊され行き場を失ったドイツ市民が荒れ地で蠢《うご》めいている。その「群れ」を警備する兵士には絶望の表情が見える。そこには雨風をしのぐテントもない。アリの大群のように見えている難民の困窮は想像に難くない。

同書表紙裏の説明には次のようにある（翻訳は筆者）。

「第二次世界大戦後の五年間で九〇〇万以上のドイツ人が死んだ。ドイツ系住民は周辺国から排除された。そこに（敗戦民族は）飢えても構わないという連合国の方針があった。その結果がこの数字であった。実際の死者数はこの数字をかなり上回るはずである。しかしこの事実は今でも隠されたままであり、特に西欧諸国の政府は未だに（事件そのものを）認めていない」

「モーゲンソープランによってドイツ民族は十分な食糧生産もままならず、彼らの所有するものは何もかも奪われた。連合国間で合意された規模をはるかに超えた略奪だった。民間団体による支援事業も禁じられた。一九四五年五月、アイゼンハワー将軍は、戦争捕虜に民間人が食糧を届ける行為までも禁じた。将軍は（それを認めるはずの）ジュネーブ条約（訳注：一九二九年締結の「俘虜の待遇に関する条約」）を遵守《じゅんしゅ》すると公言していたにもかかわらずである。多くの捕虜がアメリカ軍の収容所で飢えて死んだ。将軍は食糧を届けようとするものは死罪に処すと脅した」

バックの連合国ドイツ占領政策への糾弾は激しいものがある。しかし一方でアメリカの良心についての言及も忘れなかったことは裏表紙の裏面に記された説明でわかる。

「ドイツ国内の惨状を知った西欧諸国の指導者層に、（アイゼンハワーの占領政策が）キリスト教理念に背くものであると強く反発し、ドイツ国民に何とか救いの手を差し伸べたいと考えるものがいた。ハーバート・フーバー元大統領、ロバート・パターソン米陸軍長官（訳注：任期は一九四五年九月から四七年七月）、マッケンジー・キングカナダ首相、そして同首相補佐官のノーマン・ロバートソンらであった」

「彼らは歴史上これまでになかったほどの規模で食糧支援に取り組んだ。その結果三年間で数百万の人命が救われた。敗戦後のドイツにおいて未曾有の復讐劇と救済劇があったのである」

バックの記述は歴史の「光と影」をバランスよく論じたものであっただけに、アメリカの恥部を描いた書ではあったが、正統派歴史家（釈明史観主義者）からの攻撃が少なかった。

FDRは一九四五年四月一二日に世を去った。その死を受けてモーゲンソーは影響力を失った。同年七月、「馬が合わない」新大統領トルーマンに反発して辞任した。トルーマンはJCS一〇六七号による占領政策を継続したが、ドイツの惨状はたちまち彼の耳に届いた。翌四六年三月、トルーマンは第一次世界大戦期にヨーロッパ諸国の食糧支援に実績を残しているハーバート・フーバー元大統領にドイツ視察を願った。ドイツの占領統治（軍政）は、参謀総長に昇進したアイゼンハワーからルシアス・クレイ将軍に代わっていた（四五年一一月）。クレイ将軍もドイツ国民の窮状を何とかしたかったが、JCS一〇六七号に縛られたままであった。将軍はこの指令を変えさせたかった。フーバーの視察はその第一歩になるだろうと期待し、彼の訪問を待ちわびた。

「私はベルリンに向かっていた。ルシアス・D・クレイ将軍は私のベルリン到着を待ちきれなかった。クレイ将軍はアメリカ占領地域の司令官であった。その地域での食糧問題があまりにひどかったのである。私のベルリン訪問はこの数日後であったにもかかわらず、将軍はブリュッセルまで自ら出向いてきた（四月六日）。彼は、米英仏三国のそれぞれの占領地域における甚だしい食糧不足と、それにともなう飢饉の状況を説明してくれた。さらに連合国の管理方針がもたらしている大量の失業者の問題と、すべてのものが不足している現状を語った。

クレイ将軍も私も、ナチスの陰謀にドイツ人のほとんどが関わっていないことに対して同情すべきこと、そのことだけをもってしてもドイツの人々には連合国が支援して当然だ、という意見で一致した。将軍は、食糧不足で発生する伝染病が占領軍兵士に感染することを恐れていた。また反乱や虐殺の発生する危険を感じていた。我々は事前にドイツの状況を聞いていただけに、クレイ将軍の説明を疑う者はいなかった」[*1]

フーバーは、JCS一〇六七号の愚かさのもたらす状況を直《ただ》ちに理解した。連合軍はドイツの貨物船を接収し、造船ドックを破壊した。これによってドイツへのロジスティクスが寸断された。化学肥料製造設備も破壊した。ドイツ国内の農業生産に大打撃を与えただけでなく、同国からの輸入肥料に依存していた周辺国の農業もダメージを受けた。その結果として、「アメリカは数千万ドルもの硝酸肥料をドイツに供給する羽目になった」[*2]のである。

フーバーのドイツ視察報告書を受けて、アメリカは緊急支援を決めた。それはあくまでも対症療法だったが、トルーマンは、ただただドイツを憎む二人の男（モーゲンソー、ホワイト）の復讐心が作ったJCS一〇六七号の愚かさに気付いたのである。トルーマンはフーバーの報告以前にモーゲンソープランの出鱈目《でたらめ》さをわかっていた節がある。「あの野郎（モーゲンソー）は、レンガ頭の能無しで、くそも味噌もわからない『気違い』野郎だ（a blockhead and a nut, who doesn't know shit from apple butter）」と口汚く罵《ののし》っていた。[*3]フーバーの視察を必要としたのは、政府としての方針を変更するのに、世間に説明するためのしっかりとした資料が必要だったのであろう。

注

＊1：『裏切られた自由（下）』四一二頁。
＊2：同右、四一三頁。
＊3：Victor Sebestyen, *1946: The Making of the Modern World*, Pantheon, 2015, p40.

第七節　フーバー改革案からマーシャルプランへ

一九四七年一月、トルーマン大統領はフーバーにドイツ視察をあらためて要請した。対症療法ではなく根本的な解決策をフーバーに提案させるためである。フーバーがその報告書をまとめ上げたのは一九四七年二月二六日のことである。フーバーは具体的に数字を挙げながら、住宅環境、石炭事情、農業生産事情を分析した。その上で食糧配分の施策とアメリカ財政負担の軽減策を示した。その報告書の内容は『裏切られた自由』に詳しい。[*1] 以下はその結論部分である。

「〈我が国民は、戦争に勝っておきながら、今度は支援のために巨額な費用を使わざるを得ないことに驚いた。勝者が長期にわたって敗者の面倒を見るのは、これまでに経験のない現象であった。これを避け得るやり方があったのかもしれないが、厳然とした事実である。この状況はドイツが自らの輸出によって支払いができるようになるまで続く。

苦しんでいる多くの人に対する憐れみの感情をいったん忘れたとしても、もし我々が和平を欲し、我が占領軍の安全と健康を欲し、治安維持の部隊のこれ以上の費用増を避け、その費用を漸次削減しようと願うのであれば、私がこのレポートで述べた方策を取らざるを得ない。つまり我々に課された重荷を背負わざるを得ないのだ。

我々はドイツに再びあのように侵略的な政権が勃興しないように全力を尽くすと決めた。復讐すべきだとする者、ナチスに関係していなくてもドイツ人すべてを罰すべきだと考える者がいるが、ナチス再興の不安は持たなくてよい。ドイツの人々は、食糧も暖房もなく寝床さえない住環境にある。数百年の西洋文明の歴史にも見られないほどの状況に陥っている。

文明がヨーロッパで生きながらえるとすれば、その文明がドイツ国内で絶えるようなことがあってはならない。文明は協力の上に成り立つ。そうなってこそ初めて恒久的平和が可能なのである。

いま彼らの領土に星条旗がはためく。この旗は軍事力を誇示するためだけのものではない。〉

これが私の報告書である。将来を担うドイツの人々が、この時期は（ドイツだけではなく）世界中が食糧不足に苦しんでいたことを知るだろう。彼らへの食糧支援が生存ぎりぎりのものだったとしても、それは決してドイツへの復讐ではなかった[*2]」

一九四七年七月、トルーマン大統領はＪＣＳ一〇六七号に代わってＪＣＳ一七七九号を発した。これが後にマーシャルプランとなるものである。西ヨーロッパの復興にはドイツの再建が不可欠であるとする考えに変更された。モーゲンソーとホワイトの二人で作り上げたドイツ民族復讐計画はここにようやく幕を閉じた。

先に、アイゼンハワー将軍がジュネーブ条約を遵守するとしたが、それを守らなかったという批難があることについて触れた。アイゼンハワーはそれを回避するロジックを用意していたことを書いておきたい。

同条約の正式英語名称は「Convention relative to the Treatment of Prisoners of War, Geneva July 27, 1929」であり、戦争捕虜（Prisoners of War）に対する扱いを規定している（傍線筆者）。アイゼンハワーは自身の進める占領政策が同条約違反だと責められない（責められにくくなる）工夫を凝《こ》らした。それは「戦争捕虜」の呼称を変えることであった。投降したドイツ兵を「武装解除された兵士（Disarmed Enemy Forces：ＤＥＦ）」と再定義した。そうすることで、ドイツ人捕虜はジュネーブ条約で定義されている戦争捕虜ではないと抗弁する理屈を作った。英国占領軍も同様に「降伏した敵国人（Surrendered Enemy Personnel：ＳＥＰ）」と名称変更した。こうすることで、戦争捕虜の扱いを規定するジュネーブ条約違反と責められるリスクを軽減した。方便ではあるが予想される批難への「ちょっとした盾」にはなる。少なくとも煙幕の効果は期待できるのである。

世界は腹黒い（ずる賢い）。筆者はそれを善悪で語ろうとは思わない。見方によっては、ずる賢さは国家としての「智恵」でもある。日本が必ずしも腹黒くなる必要はないと思うが、そうした手口の存在は知っておいた方がよい。

モーゲンソープランがもたらした惨禍に、アメリカ知識人は良心の咎《とが》めを感じた。世界で初めての核使用国となった良心の呵責《かしやく》に輪をかけた。

先述のように日本の学校教育ではモーゲンソープランに触れることはない。戦後ヨーロッパの復興についてはマーシャルプランについての記述はあるが、モーゲンソープランが生んだ二年間の悲劇については「スルー」する。アメリカにも光と影がある。どちらのアメリカも生の姿である。ジェイムズ・バック『罪と情け』はそのバランスを取った歴史書であった。筆者は、日本の歴史教科書でも戦勝国の影の部分をもバランスよく叙述することは可能だと考えている。そのことで日米関係が悪化するとは思えない。

注

＊1：『裏切られた自由（下）』四一四〜四二四頁。
＊2：同右、四二四〜四二五頁。

第2章　ソビエトに最も貢献したスパイ

前章で対独復讐計画（モーゲンソープラン）の顚末を詳述することで、ホワイトがどれだけFDRに近い場所にいたかを明らかにした。この章ではハリー・デキスター・ホワイトのスパイ活動の実態をより明確にする。

読者の多くはすでにこの人物がハルノート原案を書いたことは知っている。前章の記述で、財務省の役人がなぜ外交マター案件（国務省案件）の文書（ハルノート）作成に関与できたかが理解できたはずである。ホワイトはモーゲンソーの黒子として、ルーズベルトの意思決定に大きな影響を与えた。

一九四一年当時、ソビエトの諜報組織NKVD（内務人民委員部）はワシントンに二つの諜報グループを組織していた。その一つが財務省職員だったネイサン・グレゴリー・シルバーマスターのグループだった。メンバーの収集した情報は、NKVD情報伝達員エリザベス・ベントリーが取りまとめた。集約された情報はNKVD諜報統括のイスハク・アフメーロフに届けられ、それがモスクワに送られた。ホワイトはシルバーマスターのグループに属していた。[*1]

このグループがどれほど深くFDR政権中枢に喰いこんでいたかは下記の描写でも明らかである。

イスハク・アフメーロフ（在米 NKVD 諜報官）

ヤコブ・ゴロス

エリザベス・ベントリー（NKVD 連絡要員）

パーログループ

- ビクター・パーロ（戦時工業生産委員会）
- チャールズ・クレイマー（戦時動員に関する上院小委員会）
- ハリー・マグドフ（戦時工業生産委員会）
- ドナルド・ウィーラー（OSS）
- アラン・ローゼンバーグ（外国経済局）
- ハロルド・グラッサー（財務省）
- ソロモン・レシンスキー（UNRRA）
- ジョージ・ペラジッチ（UNRRA）

シルバーマスターグループ

- グレゴリー・シルバーマスター（財務省）
- ウィリアム・ウルマン（財務省）
- フランク・コー（財務省）
- ソニア・ゴールド（財務省）
- ソロモン・アドラー（財務省）
- ハリー・デキスター・ホワイト（財務省）
- ジョージ・シルバーマン（陸軍）
- ウィリアム・ゴールド（外国経済局）
- ラフリン・カリー（大統領補佐官）
- ウィリアム・テイラー（財務省）

ソビエトスパイ人物相関図（『ヴェノナ』p178 の図をもとに作成）

「シルバーマスターのメンバーはワシントンのあらゆる情報を収集した。軍事物資調達計画の詳細とそれにかかわる高官の考え方についてはハリー・デキスター・ホワイトから届けられたらしい。（ソビエトは）一九四一年六月には、ロンドン大使館付米陸軍駐在武官の作成したドイツ国防軍についての報告書も手に入れている」

「同年八月五日、モスクワは、七月三一日にフランク・ノックス海軍長官とモーゲンソー財務長官の昼食時の『賭け』の内容を知った。ノックスが、モーゲンソーに、ドイツ軍は一月以内にモスクワとレニングラードを制圧するだろう、それに賭けても良いと述べていたことまでモスクワは知っていた」[*2]（注：独ソ戦の開始は六月二二日）

ホワイトは、戦後になってようやくスパイ容疑でワシントン下院非米活動委員会の喚問を受けた（一九四八年八月一三日）。そしてその三日後に強心薬ジギタリスの過剰摂取で死んだ。本章では、ホワイトの動きを追うと同時に、具体的にＮＫＶＤのワシントンにおけるスパイ活動がいかなるものであったかを明らかにしたい。

注

＊1：『ヴェノナ』第五章「ルーズベルト政権中枢に喰い込んだソ連のスパイたち」

＊2：Max Hastings, *The Secret War*, William Collins, 2015, p380.

第一節　ソビエト工作員とその愛人

ヤコブ・ゴロスは一八八九年四月二四日、ウクライナの町ドニプロに生まれた。両親は富裕なユダヤ人であった。[＊1]ロシア帝国の支配下にあったウクライナでは度重なるユダヤ人排斥事件（ポグロム）が続いていたこともあり、ユダヤ人の多くがロマノフ王朝を嫌っていた。ゴロスもそうした空気の中で育っただけに、早い時期から同帝国の転覆を狙うボルシェビキ運動に参加した。一九〇七年に検挙されているが、早くも三度目の逮捕だった。一七歳になっていたゴロスはシベリア・ヤクートに流刑となった。[＊2]

既に筋金入りの共産主義者となっていたゴロスは流刑地から姿を消した。彼は徒歩で南に向かい中国に入ったのである。さらに日本経由の蒸気船でサンフランシスコに渡った。暫《しばら》くしてデトロイトに移ると、ロシア時代にボルシェビキの扇動ビラの印刷に携わってい

ヤコブ・ゴロス（1889–1943）

たこともあり印刷工として食い扶持を得た。彼が市民権を得たのは一九一五年のことである。この二年後にロシア革命が起きると、アメリカでの共産革命を夢見て米共産党（CPUSA）結党メンバーとなった（一九一九年九月）。同党は以後数年で党員を六万まで急伸させた。一九二一年にはシカゴに移り、党員獲得作業に関わり党の幹部となった。

ゴロスは一九二六年にはロシアに帰国したが、CPUSA幹部ジェイ・ラブストンの要請で米国に戻っている。一九三三年頃にはソビエト諜報組織NKVDのニューヨーク支局のガイク・オヴァキミヤン（Gaik Ovakimyan）の下で諜報活動を始めている。一九三三年は、ルーズベルト政権が発足し、一一月にはソビエトを国家承認した年である。国交がなったことでソビエトの米国内での諜報活動に弾みがついた。

ゴロスは米ソ国交樹立の前年（一九三二年）に、ニューヨークでワールド・ツーリスト社なるフロント会社を設立していた（設立年には異説がある）。ソビエトへの旅行者の便宜を図る旅行会社であった。ＦＤＲの国家承認でソビエトとの貿易を望むものが増えた。そうしたビジネスマンは、ワールド・ツーリスト社を通じた旅行手配を勧奨された。[*3] フーバー大統領は、ＦＤＲのソビエト承認で雨後の筍のように多数の対米工作組織が出来たと書き、ＦＤＲのソビエト承認の愚かさを批難しているが、ワールド・ツーリスト社はその典型例であった。

ゴロスは、ギャンブル癖のある米国パスポート発行業務担当官に接触し、米国パスポートを入手し本国に送った。それが偽パスポート作成に使われた。ゴロスはスパイのリクルートにも手腕を発揮していた。彼は五フィート強（一六〇センチ）の小男で格別ハンサムではなかったが、女性を惹きつける魅力があった。

一九三〇年代後半になると米国生まれの共産主義信奉者が増えてきた。ゴロスは優秀な諜報員ではあったが、そのロシア語訛りは抜けなかった。

ロシア系とわかる人物はどうしても警戒された。しかし米国生まれの人物への警戒感は薄い。アメリカ生まれの容共的人物をリクルートするメリットは明らかだった。

ゴロスがリクルートに成功した人物にエリザベス・ベントリーがいた。

ベントリーは、一九〇八年、ニューミルフォード（コネチカット州）に生まれた。[*4] 両親

エリザベス・ベントリー
（1908–63）

は乾物商のごく一般的な家庭だった。学業優秀だった彼女は米国東部の女子大学ヴァッサーカレッジに奨学生として入学した（一九二六年）。同大学は、一九六九年には共学となったが、当時女子大学ではトップクラスであり、ハーバード大学などと肩を並べた。かつて岩倉使節団（一八七一～七三年）に同行し、初めて米国の大学に学んだ五人の少女がいた。そのうちの一人、大山捨松（旧姓山川、大山巌陸軍元帥夫人）が学んだ大学である。

日本でもそうであるが、中流家庭に育った子供が富裕階級の子女が集う大学に学べば、疎外感を味わう場合が多い。ベントリーもその例に洩れなかった。彼女は容姿端麗ともいえず友人も少なかった。ヴァッサーではフランス語、イタリア語を学び、卒業後は教師となった。一九三二年には職を辞し、ニューヨーク市にあるコロンビア大学に学び修士号を取得した。この頃には両親を失い金銭的に余裕をなくしていた。友人からの借金も頻繁で返せないことも多かった。アルコールに溺れたのもこの頃である。

一九三五年、彼女は米共産党に入党した。その彼女に同党創設に関わった女性幹部ジュリエット・ポインツ（Juliet Stuart Poyntz）が接触した。ポインツはベントリーにソビエトのスパイになるよう説得した。ポインツ自身もスパイであったが一九三七年には失踪した。スターリンのグレート・パージ（大粛清）の犠牲になったと見られている。ベントリーはポインツの誘いに乗っていない。必要なら身体を売るような仕事だと聞かされ断った。[*5]

彼女にゴロスが接触したのは一九三八年一〇月一五日のことである。先に書いたようにゴロスにはチャーミングなところがあって、女心をくすぐった。ベントリーもたちまち彼に魅せられた。彼女は一七〇センチを超える大柄な女性だった。それでも一〇センチ以上背の低いゴロスに「惚れ」愛人となった。ゴロスには妻と子供がいたが、一九三〇年代半ばにロシアに帰国していた。

「君はこれからはただの共産党員ではない。地下組織の一員なのだ。今後は共産主義者の友人とは一切接触を断ちなさい[*6]」

これが愛人ベントリーにかけられた言葉だった。二人が作り上げていった諜報組織は、ドイツのソビエト侵攻の頃（一九四一年六月）には米国内最大のソビエト地下組織に成長した。[*7]

注

＊1：http://spartacus-educational.com/Jacob_Golos.htm

＊2：ゴロスの渡米からその後のニューヨークでの活動については右記サイトおよび以下の書によった。
Nicholas Reynolds, *Writer, Sailor, Soldier, Spy*, Harper Collins, 2017, pp72–77.

＊3：『ヴェノナ』一四七頁。

＊4：ベントリーの生い立ち等については以下のサイトによった。
http://spartacus-educational.com/USAbentleyE.htm

＊5：https://www.atomicheritage.org/profile/elizabeth-bentley

＊6：Kathryn S. Olmsted, *Red Spy Queen*, The University of North Carolina Press, 2002, pp23–24.

＊7：『ヴェノナ』一四五頁。

第二節　狙われた文豪へミングウェイ

前節に続いて、ゴロスとベントリーが作り上げたスパイ組織に、ホワイトがいかにして組み込まれ、いかなる情報を提供していたかを書いていく。しかしその前に、日本でもよく知られている作家アーネスト・へミングウェイがゴロスのターゲットになり、リクルートされていたことに触れておきたい。ゴロスの対へミングウェイ工作の手口は、ソビエトスパイ組織による、世論に影響ある人物利用の典型であった。

一九八九年一二月のマルタ会談（マルタ島で行われたジョージ・ブッシュ大統領とミハイル・ゴルバチョフ書記長の会談）で東西冷戦は終結した。それ以降ソビエト時代には封じられていたNKVD（一九五四年以降はKGB）の機密ファイルが解除された。アメリカ国内におけるソビエトのスパイ活動については研究が進んではいたが、その実態には霞《かすみ》がかかっていた。それが機密文書の公開で次第に晴れていった。本書で引用している文献もみな機密解除後に発表されたものである。その一つに、“Writer, Sailor, Soldier, Spy”（二〇一七年）がある。副題には“Ernest Hemingway's Secret Adventures, 1935–1961”

「ヘミングウェイ秘密の冒険：一九三五―一九六一」とあり、著者は軍事・諜報史家のニコラス・レイノルズ（ジョンズ・ホプキンス大学准教授）である。レイノルズは、ゴロスがいかにしてヘミングウェイに接触し、リクルートを試みたかを詳述している。

ヘミングウェイが『誰がために鐘は鳴る』を発表したのは一九四〇年のことである。主人公ロバート・ジョーダンはフランコ軍に抵抗するスペイン共和党軍の兵士としてアメリカから参加した義勇軍兵士であった。同内戦では世界各国から左翼思想を持った若者が共和党軍に義勇軍として参加していた。アメリカからやってきた義勇軍は、アブラハム・リンカーン旅団と呼ばれた。

日本の教科書はスペイン内戦（一九三六～三九年）を「スペイン共和国」対ファシスト・フランコ総統との戦いであるとあっさりと書く。しかしスペイン内戦の実態は、共産主義政権（共和国）に対する反共産主義勢力の戦いであった。ヨーロッパの西端に共産主義政権が誕生し、東のソビエトとの挟撃を怖れた反共産主義国家（独伊）が反共のフランコ将軍を支援した戦いだったのである。

イギリスも、既に左傾化したフランスに続いてスペインに左翼共産主義政権ができることを嫌った。そのためソビエトやフランス人民戦線政権が共和国政権に肩入れしないよう外交を繰り広げた。その結果、ソビエトもフランスもイギリスを敵にすることを怖れ、支援を懇願する共和国側への表立った協力が出来なかった。巷間信じられている「共和国＝民主主義政権」vs.「ファシスト・フランコ軍」の戦いなどとは全く違う現実があった。スペイン内戦の実態と背後で繰り広げられた外交戦については、拙著『戦争を始めるのは誰か』（文春新書）第五章「イギリスの思惑とヒトラー」で詳述したのでここでは割愛する。

さて主人公ロバート・ジョーダンは、ソビエトに支援される共和国軍に幻滅する。それでも悩みながらも、任務として与えられた橋梁の破壊に成功するのである。この小説について評論家ロン・キャプショーは次のように分析している。

「ヘミングウェイの小説では（共和国軍の）処刑（粛清）を描写している。しかしそれはあくまで常軌を逸した現場指揮官の行為であり、モスクワからの指示ではなかったとした。（ヘミングウェイは）主人公ジョーダンに『共産主義では人の心を支配できない』と語らせてはいる。しかし、無慈悲な（不合理な）命令を受けるたびに、彼はマルクス・レーニンの正統な教えを思い返し、心を落ち着かせたのである。つまり、ヘミングウェイは、（共産主義者による）『やむを得ない殺人（necessary murders）』

を容認したのである」[*1]

ゴロスが、『誰がために鐘は鳴る』を読んでいたことは間違いない。[*2] そしてヘミングウェイに共産主義への同情心を見出した。

世界各国で活動する共産主義者にとって、スターリンがヒトラーと結んだ独ソ不可侵条約（一九三九年八月二三日）は衝撃であった。彼らの多くが精神のバランスを崩した。そんな中でも、ヘミングウェイはある書評の中で、スターリンの決断を擁護した。「スターリンの罪を許し、アメリカ外交を批判した」[*3]のである。ヘミングウェイのリクルートをモスクワが承認したのは一九四〇年一〇月から一二月のことだった。[*4]

誰がゴロスにヘミングウェイを結び付けたかはよくわからないが、おそらくジョー・ノースではなかったかと見られている。ノースは二人をよく知るニューヨークに暮らす共産主義者だった。彼はヘミングウェイと交渉し、マルキスト雑誌「新大衆（New Masses）」に寄稿させていた（一九三五年）。一九四〇年夏にはオールド・ハバナ（キューバ）のバー「ラ・フロリダ」で二人が長時間話し込んでいたこともわかっている。[*5]

いずれにせよ、誰が仲介に立ったかについては推測の域を出ないが、ゴロスが初めてヘ

宋美齢と談笑するヘミングウェイ夫妻（1941）

ミングウェイと会ったのは、彼がハネムーンで訪れたニューヨークであった（一九四〇年末）。ゴロスはヘミングウェイの心をくすぐる言葉で彼の名誉欲を刺激した。ゴロス（モスクワ）にとってのヘミングウェイの価値は小説家としての知名度にあった。ゴロスとの接触から暫くして、ヘミングウェイは中国にハネムーン（船旅）に出た。

ヘミングウェイ夫妻が香港ビクトリア・ハーバーにやってきたのは翌四一年二月二二日のことである。彼は四度結婚しているが、この時の妻は三人目のマーサ・ゲルホーンであった。二人は蔣介石、同夫人宋美齢、周恩来らと会っている。上は二人が蔣介石夫人宋美齢と談笑している写真である。

このような写真を得ることこそがゴロス（ソビエト共産党）の狙いであった。この頃のゴロスは体調がすぐれず、自身はヘミングウェイの旅に加われなかった。しかしそれでよかったのである。ロシア系の彼は有名人の外国の旅に「しゃしゃり出る」ようなことはできなかった。ヘミングウェイが、「悪の帝国」日本の軍国主義に抵抗する中国の指導者を励ます「絵」（写真）が撮れればよかった。ヘミングウェイ夫妻が中国要人となぜ会うことができたのか。日中の戦いを泥沼化させたいソビエト共産党の目論見があったからである。彼らは、「中国が正義である」とのメッセージを米国民に効果的に伝えるツールが欲しかったのである。

中国訪問時のヘミングウェイは、彼自身がスパイとしての役割を自覚しない「第五列（スパイ）」だったようだ。しかし四一年末には、ヘミングウェイにはスパイとしてのコードネーム「アルゴー（ARGO）」が付けられている。[*6] これはソビエトが彼をスパイとして認知したことを示している。アルゴーはギリシャ神話に登場する英雄イアーソンが「黄金の羊の毛皮」を求める航海に使った船の名である。ヘミングウェイと中国の反日指導者たちの談笑の写真こそが、ゴロスやモスクワが求めていた「黄金の羊の毛皮」であった。

注

＊1：Ron Capshaw, For Whom the Myth Tolls, Law and Liberty, March 31, 2016 www.libertylawsite.org/2016/03/31/for-whom-the-myth-tolls/
＊2、3、4、5：*Writer, Sailor, Soldier, Spy*, p77.
＊6：同右、p82.

第三節　ホワイトへの警告

ここで再びワシントン赴任後のホワイトの行動に戻る。先にホワイトが、シカゴ学派の経済学者ジェイコブ・ヴァイナーの要請で、彼の研究チームに加わったことを述べた。このチームにはＦＤＲが始めようとするニューディール政策に理論的裏付けを付与することが期待されていた。ヴァイナーは、ホワイトの書いた論文「金本位制度と国際交易について」に目をとめたのであった。

ニューディール政策は、ＦＤＲが考え出したものではもちろんない。ジョン・メイナード・ケインズの「積極的財政政策こそが不況脱出の唯一の方法である」との提唱に共鳴したレックスフォード・タグウェル（コロンビア大学）らを中心とした若手経済学者が、Ｆ

DRに説いた施策である。均衡財政が当然視されていた時代だけに、理論的裏付けを確実にしなくてはならなかった。

ニューディール政策は本質的に社会主義的であり、国家統制主義的な経済運営手法だった。この政策に関わった一群の経済学者はブレイントラストと呼ばれた。彼らは概ね三つのグループに分類できた。第一は純粋にアメリカを不況から脱出させたいと願うグループ、第二は隠れ共産主義者、第三は共産党シンパであった。ホワイトは第三のグループに属していた。[*1]

ウィッテカー・チェンバース（1901–61）

ホワイトは、ワシントンにやってくると「カール」という共産主義者に会った（一九三五年）。カールとはNKVDが付けたコードネームであり、その正体は米共産党員ウィッテカー・チェンバースであった。チェンバースは、ワシントン政権内部に潜ませたスパイがもたらす情報を取りまとめ、NKVDプロパーの情報担当者に伝達する役割を担っていた。ホワイトは既に財務省内の共産主義者との親交を深め、彼らを通じて米共産党と接触していた。ホワイトは共産党員ではなかったが、チェンバースとの接触は自然なものであった。

チェンバースは後にスターリンの大粛清を見て共産主義に愛想を尽かし、FBIに情報提供することになる（後述）。彼はこの頃のホワイトを次のように語っている。

「彼（ホワイト）は私と密かに接触することに積極的だった。彼には秘密の行動を楽しんでいるようなところがあった」[*2]

ホワイトはワシントンのコネチカット通りにあった自宅アパート近くでチェンバースに会うことが多かった。チェンバースは、財務省機密文書を受け取ると、その晩に書類を写真撮影し翌朝早くホワイトに返した。ホワイトは同僚が出勤する前に、持ち出した資料をもとの場所に戻した。[*3]チェンバースは彼を好いていなかった。先に書いたように、ホワイトには自身の出世に関係ない人物には不躾《ぶしつけ》な態度を取った。チェンバースはそれが気に入らなかった。憤《いきどお》ったチェンバースが彼との接触を暫く控えると、ホワイトは萎《しお》れたように態度を変えた。

一九三六年、NKVDのチェンバース担当がボリス・ブィコフ（Boris Bukov）に代わった。ブィコフは「愚鈍な間抜け野郎」（チェンバース）だった。彼はほとんど英語を解さなかったため会話はドイツ語になった。[*4] 二人の間で、スパイ（情報提供者）の扱いについての論争があった。ブィコフは、彼らにはしっかりと報酬を出さなくてはならないと考えた。しかし、チェンバースには理想主義的なところがあり、「報酬は不要だ。スパイ行為に加担しているものは共産主義思想そのものを信奉しているのであって、報酬の提供はむしろ彼らを幻滅させる」と反発した。ブィコフはチェンバースの考えを容《い》れ、現金ではなく高価なギフトを贈ることで折り合いをつけた。ホワイトやシルバーマスターの自宅に高級絨毯が敷かれたのは暫くしてからのことであった。[*5] いずれにせよ、ブィコフとチェンバースは馬が合わなかった。

やがてチェンバースは、共産主義は内部から腐敗するのではないかとの疑念を抱くようになる。[*6] 一九三七年に入ると、NKVDは米国に駐在させていた情報担当員を次々に帰国させた。スターリンの大粛清がアメリカにも及んだのである。呼び戻され粛清された者の中にはチェンバースの友人もいた。先に書いたエリザベス・ベントリーのリクルートを試みたジュリエット・ポインツの失踪もチェンバースの気持ちを暗くした。[*7]

翌三八年に入ると、チェンバース自身が再教育の名目でロシア行きを命じられた。これに従えば粛清されることは間違いなかった。チェンバースが共産主義者を止《や》めると覚悟したのはこの時であった。彼は所持していた書類を自宅納屋に秘匿《ひとく》した。その中にはホワイトが書き上げた日本の政治経済状況についてのレポートも含まれていた。[*8]

この作業を終えたチェンバースはホワイトに警告することを決めた。ホワイトを財務省近くのカフェに呼び出した。カフェ内で会話を聞かれることを怖れた二人は外に出て歩きながら話した。呼び出しに何か特別な意図があるとは思っていないホワイトは、相も変わらず、モーゲンソー長官との親密な関係を早口で自慢した。暫くして目立たないお菓子屋の中にあったコーヒーショップに入った。チェンバースは、ワシントンを離れることをホワイトに伝えた。二人の会話は次のように続いた。

「しばらくしたらワシントンに戻ってくるのかい」（ホワイト）

「いや戻らない。今日ここに来たのは君を調査に来たわけでもない。僕は共産党との決別を決めた。だから君もスパイ行為をやめるように説得にきたのだよ。そうしなけ

れば僕は君を訴えることになる」（チェンバース）[*9]

チェンバースの言葉にホワイトは怯えた。「まさか本気で言っているわけではないでしょうね」と返すホワイトに、「そうしなければＦＢＩに届ける」と強い調子で警告した。ホワイトは「活動を止める」ときっぱりと約束した。その誓いの言葉をチェンバースは信じた。[*10]

チェンバースのその後の行動は次のように書かれている。

「（チェンバースは）党からの報復を受けるのを恐れ、彼は家族とともにまずフロリダに脱出し、そこで数か月隠れていた。それから仲介者を通して、共産党の元の同僚たちに、放っておいてくれたら政府には通報しない、と伝えた。

その上彼は、自分は秘密の文書を隠し持っており、党が彼や家族に危害を加える徴候があればそれを暴露する、と警告した。その年（三八年）の暮れには、彼は徐々に社会復帰しても大丈夫だと判断し、メリーランドの農場に引っ越した。一九二〇年代以来のかつてのジャーナリスト連中との旧縁を復活させ、『タイム』誌に職を得た」[*11]

チェンバースの抜けた穴を埋めたのが前述のゴロスとベントリーのコンビだったのである。

チェンバースは、ホワイトに警告し身を隠す前に、ある重大な行動に出ていた。

注

＊1：John Koster, *Operation Snow*, Regnery, 2012, p15.
＊2、3：同右、p16.
＊4：同右、p17.
＊5：同右、pp18–19.
＊6：同右、p18.
＊7、8：同右、p20.
＊9、10：同右、p21.
＊11：『ヴェノナ』一一一頁。

第四節　告発者を叱責したルーズベルト

一九三九年四月、当時米国で最も人気のあった隔週誌「サタデーイブニングポスト」でセンセーショナルな連載が始まった。ソビエト亡命スパイ、ウォルター・クリヴィツキの告白である。クリヴィツキは、一九三七年五月からオランダ・ハーグに駐在し、西ヨーロッパのスパイ活動を統括する立場にあった。日独間の外交文書を入手するなどの活躍を見せたが、スターリンの始めた大粛清に怯えていた。彼と同じように悩み、モスクワ帰国命令を拒否した友人がスイスで暗殺されたのを機に、クリヴィツキはフランスから米国に逃げた（一九三八年末）。

「サタデーイブニングポスト」での告白は、スターリンの残虐性を暴き、その後の独ソ提携（独ソ不可侵条約：一九三九年八月二三日）を予言するものであったが、「ニューヨークタイムズ」紙などの左傾メディアから激しく批判された。クリヴィツキは後にワシントンのホテルで不可解な死を遂げた（一九四一年二月一〇日）[*1]。そのクリヴィツキのメディアとの接触を助けたのが、ロシア生まれのジャーナリスト、アイザック・ドン・レヴィン（一八九二〜一九八一年）だった。

レヴィンは前述のチェンバースとも接触があった。レヴィンはチェンバースからワシントン政府内部に潜入したスパイ網の存在を聞かされた。彼はチェンバースを、知り合いのアドルフ・バールに会わせ、その内容を直接語ることを勧めた。バールは経済学者ではなかったが、会社法に精通した法学系のブレイントラストの一員であり、当時は国務次官補（任期：一九三八〜四四年）だった。[*2]レヴィンは大統領との面会を望んだらしかったが叶《かな》わず、バールとの接触となったのである。

一九三九年九月二日午後、レヴィンとチェンバースは車でロッククリークパーク（ワシントン市内から北に三三キロ）にあるバールの私邸に向かった。穏やかな初秋の日であった。三人は夕食後庭に出て、枝を広げる楡《にれ》の木陰で語り合った。

チェンバースはスコッチのソーダ割りを手にしながら、ワシントンの政府組織に潜んだスパイ網について語り始めた。バールは驚きメモを取った。チェンバースはラフリン・カリー、アルジャー・ヒス、ヒスの弟ドナルドら二〇名以上の名を具体的に挙げながらスパイ網の全容を説明し、その対処を勧めた。彼らが実際にスパイであったことは、後のヴェノナ文書で明らかになっている。チェンバースは、ホワイト、そして財務省の同僚シルバーマスターの名をあえて挙げなかった。彼らがスパイ行為を止めると信じていたからだった。

チェンバースとレヴィンがバール邸を後にしたのはその日の深夜であった。チェンバースは、車のガラス越しに、バールが電話しているシルエットを見た。電話の相手がＦＤＲかどうかはわからない。しかし、バールがチェンバースから得た情報をＦＤＲに伝えていたことは確かだった。告発から二週間後、二人はＦＤＲの反応を聞かされた。大統領は、バールの言葉を全く信じず、「その辺の湖に飛び込んで頭を冷やせ（go jump in a lake)」とバールを叱責したのである。告発したチェンバースらを蔑《さげす》む言葉を繰り返し、最後に「このことは忘れろ（forget about it)」と言い放った。

しかし、バールがチェンバースの告白を書き取ったメモは、タイプライターを使って清書された。バールは、四頁となったタイプ打ちされた文書に「諜報地下組織員（Underground Espionage Agent)」と表題を付けた。これは後にスパイ容疑で起訴されたアルジャー・ヒス裁判（後述）の証拠として提出された。[*3]

レヴィンは諦めなかった。ＦＤＲに影響力を持つ議員、政府高官、ジャーナリストらにコンタクトを取り続け注意を促した。しかしＦＤＲが態度を変えることはなかった。

筆者は、この事件はFDRという人物を考える上で極めて重要な意味があると考えている。当時のソビエトはドイツと不可侵条約を結んでいた。チェンバースがバールの私邸を訪れた前日にはドイツがポーランドに侵攻し、同月一七日にはソビエトがポーランドに東から攻め入った。ヒトラーとの密約にそった行動だった。従ってソビエトはナチスドイツの実質的な「同盟国」であった。そのソビエトがワシントン政府内にスパイ組織網を構築しているとの情報が寄せられたのである。FDRは、少なくともFBIによる調査を指示し、「裏を取らせる」ことはできたはずだが、そうしなかったのである。

その後FDRは、スパイと名指しされたヒスもカリーも順調に出世させ、自身の側近とした。カリーは経済担当大統領補佐官になり、ヒスはヤルタ会談（一九四五年二月）では実質ナンバー3の立場で参加した。ヒスは、国連創設を協議する会議（サンフランシスコ：一九四五年四〜六月）のアメリカ代表にもなり、会議そのものを差配した。ソビエトによる対米諜報活動へのFDRの無頓着《むとんちゃく》ぶりは異常であった。ヤルタ会談に先立つテヘラン会談（一九四三年一一〜一二月）では盗聴されることを承知でテヘランのソビエト大使館を宿所にした（この経緯については拙著『誰が第二次世界大戦を起こしたのか』〔草思社〕第五章「連合国首脳は何を協議したのか」に詳述）。自身の会話を意図的にスターリンに聞かせたと考えられている。それがスターリンを喜ばせ、米ソの連帯を強化すると考えたからである。

注

＊1：クリヴィツキについては以下のサイトによった。
https://spyinggame.me/2014/08/15/in-stalins-secret-service-2/

＊2：チェンバース、レヴィン、バールの会談の模様は以下の書によった。
Gary Kern, *A Death in Washington*, Enigma Books, 2004, pp233–234.

＊3：www.johnearlhaynes.org/page100.html

第五節　ＦＤＲがスターリンを利用した？

ＦＤＲはソビエトに対して、内部情報をまるで「露出狂」のように晒している。筆者はソビエト（スターリン）がそのスパイ人脈を通じてＦＤＲを動かしたという見方をとることに躊躇《ちゅうちょ》する。ＦＤＲが共産主義者に操られたという解釈を素直にとれないのである。この点については、中西輝政氏（京都大学名誉教授）との対談[*1]は有益であった。「ＦＤＲの真の敵はナチスドイツでも日本でもなくイギリスであった。第二次世界大戦はアメリカの為政者の宿願であったイギリスの世界覇権の破壊にあった」とする中西氏の考察こそが本質ではなかったかと思える。

イギリスをナチスドイツとの戦いに誘い込み、徹底的に国富を浪費させる。その結果として英国は米国金融支配の軍門に下る。具体的に言えば、世界の金融システムをドル基軸体制に再編成することである。この問題については本書のテーマとはずれるので詳しくは書けないが、世界の覇権は自国通貨を世界通貨にしたものが握る。実はこのことにナチスドイツも気付いていた。彼らもヨーロッパ制覇の暁には、ドイツマルクを基軸通貨とするヨーロッパの金融支配を企んでいたのである（この点については後述）。

ルーズベルトを嫌ったジャーナリスト、ジョン・T・フリンによる『ルーズベルト神話』(1948)。何事もスターリンと相談していたのではないかという諷刺画を表紙にしている

筆者も、中西氏同様に、FDRが先の大戦に参入したのは、「世界覇権を握るイギリスとその座を狙うドイツを戦わせ、両国を同時に疲弊《ひへい》させたかったのではなかろうか」と疑っている。その目的達成のためにスターリンを体よく利用したのではなかったか。つまり、「FDRは共産主義国家ソビエトに利用されたのではなく利用した」と考える方が、その後の歴史を考えた時に筋が通るのである。

ただFDR構想の成功には「スターリンとは共存可能あるいはコントロール可能」という前提が必要だった。FDRはこれについては全く疑いを持たなかった。スターリンはあくまで物わかりのよい「アンクルジョー」だった。FDRが自身の過ちに気付くのはその死（一九四五年四月一二日）の直前であった。その時になって武器貸与法に基づくソビエト支援をようやく停止させたのである。

いずれにしろFDRの共産主義理解はあまりにお粗末であった。勉強嫌いで歴史も経済学も学ばなかった男には共産主義の本質を見抜けなかった。彼がようやくその脅威に気付いたのは、その拡張的性向に歯止めをかけていた二つの国、日本とドイツを彼自身が叩きのめした後であった。

一九三〇年代半ば、若き外交官としてソビエトに赴任したジョージ・ケナン（後の外交史家）は早い時期から資本主義国家が共産主義国家と共存することは不可能だと分析したレポートを国務省本省に提出していた。ＦＤＲにはそれを理解する知力はなかったのである。

注

＊１：「日本を戦争に巻き込んだ『ワル』は誰か」Voice、二〇一八年二月号、ＰＨＰ研究所

第六節　ホワイト、財務省ナンバー２へ

「ヴェノナ」とは一九四三年から開始された米国によるソビエト暗号文書傍受解読作戦を指す。その結果明らかにされた内容がヴェノナ文書である。そこにはスパイ活動を止めたはずのホワイトが継続して情報収集工作を続けていたことが示されている。

一九四一年一二月のモスクワへの報告では、ホワイトが財務次官補（Assistant Secretary of the Treasury）に出世したことが報告されている（実際の役職は財務長官補佐（Assistant to the Secretary of the Treasury であり、財務次官補に正式就任したのは一九四五年である）。また一九四二年の報告書には、スパイ網を通じて得られた数々の情報が列挙さ

れているが、その中にはホワイトが収集したFDRとチャーチルの交信記録があった。[*1]

モスクワがホワイトを重要視していたことは、一九四一年一一月にニューヨークに赴任する情報担当員ワシリー・ザルビン（Vasily Zarubin）への指示書からも明らかだった。

「ジュリスト（法律家の意。当時のホワイトの暗号名）は、（財務省内シルバーマスターグループの中でも）最も価値ある情報源である。モーゲンソー長官に極めて近い立場であることがその価値をとりわけ高めている」

「彼を通じて得られる内部文書あるいは政府幹部間の会話情報は重要だ。この点については情報ソース（ホワイト）に聞いたことを正確に報告させること、モーゲンソー周辺のインナーサークル（権力中枢部）の情報（会話）は重要であり、その点をしっかりと情報ソースに理解させることが肝要である」[*2]

ホワイトは、チェンバースへの「スパイを止める」との誓いに反し、米政府中枢の情報をソビエトに提供し続けていた。ホワイトは確かに警告を受けていったんは活動を停止したようだが、直ぐに再開したのである。[*3] 一九三九年九月のチェンバースのホワイトハウス

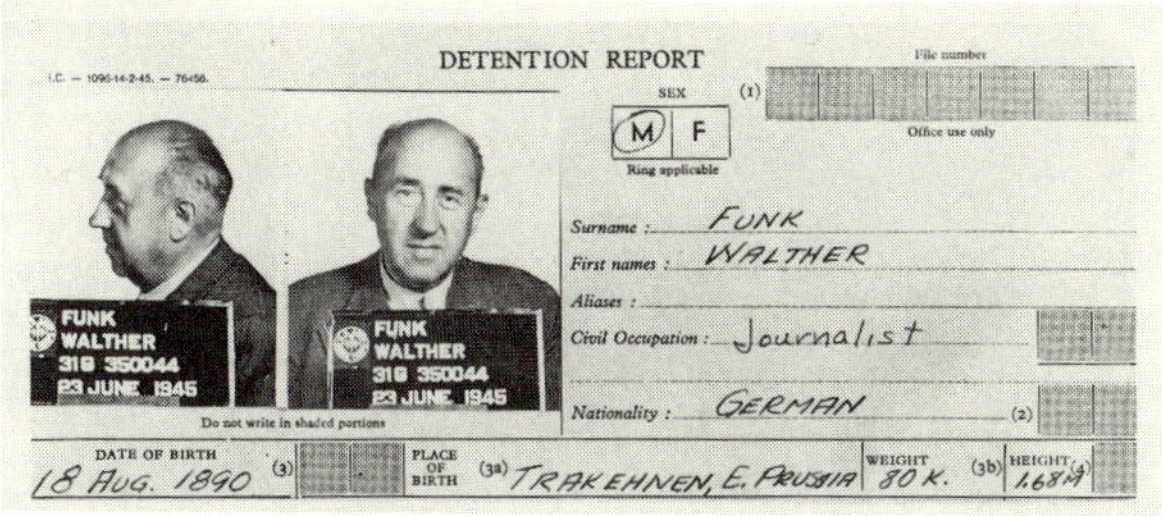

戦後、戦犯となったファンクの収監票。終身刑となったが 1957 年 5 月釈放され 1960 年 5 月、死去した

に向けた告発は、モーゲンソーを通じてホワイトに伝わっていたに違いない。FDRがその告発にいっさい動こうとしなかったことに自信を深めたのかも知れない。

そのホワイトに、英国と協議しながら戦後の国際通貨体制を構築せよとの指示があった。英国のカウンターパートは世界的な名声を既に築いていた経済学者ジョン・メイナード・ケインズだった。ホワイトはケインズと対等に交渉できるポジションを得たことに心を躍らせた。

一九四〇年、ケインズは戦後の国際通貨システムについての論文を発表していた。これはドイツ経済問題担当大臣であったウォルター・ファンクの構想に対抗するものだった。ケインズはファンク構想の枠組み（アイデア）には同意しながらも、「そのスキームの中心になる国がドイツであってはならない、我々自身（英国）がその立場にならなければならない」と主張したのである。[*4]

ファンクは、東プロシアの町トラケーネンで生まれた（一八九〇年）。ベルリン大学で経済学、哲学、法学を学び、第一次世界大戦では徴兵されている（一九一六年）。彼は戦後成立したワイマール体制に絶望していた。しかし一九三一年にヒトラーに会うと、その個性に強く惹かれた。ドイツ再興の夢を彼に託せると考えた。ヒトラーもファンクの能力を買った。ファンクは政権を取ったヒトラーに、道路建設に代表される公共投資こそが不況克服の手段であると説いた。

一九三三年三月、ファンクはこの年の一月末に発足したヒトラー内閣で、宣伝省次官となった。ヨーゼフ・ゲッペルスが直属上司だった。一九三八年には経済大臣、三九年にはライヒスバンク総裁を兼ねた。ファンクの推進した経済政策でドイツ経済は活気づいた。彼が特に重視した自動車産業も興隆した。政府主導の積極財政政策による不況対策（所謂《いわゆる》ケインズ政策）は全体主義国家で適用されると高い効果を発揮する。[*5] ものの見事に経済再生を実現させたファンクは、戦後世界の国際交易システムの安定化のための新国際通貨（為替）システムの枠組みを提示して見せた。

ファンク（あるいはその前任のヒャルマル・シャハト）は、戦後世界を安定させるにはまず為替相場の安定が不可欠だとの認識に立った。ヨーロッパ国家間の中央決済機関をベルリンに設置し、為替レートを安定化させる計画であった。国家間決済をスムーズにすることで、関税ブロック化を防ぐ。そのシステムの中心に「鎮座」する通貨はもちろんドイツマルクであった。しかしケインズはシステムの中央の座には英ポンドを座らせなくてはならないと考えた。

「ファンク案は素晴らしい（excellent）内容である。ただしこのような構想を進める主体は（ドイツではなく）我々自身（英国）でなくてはならない」（ケインズ）[*6]

一九四一年一二月一四日（日曜日）の朝、ホワイトにモーゲンソーから電話があった。モーゲンソーは前夜に見た夢の話を聞かせた。真珠湾攻撃の一週間後のことである。

「不思議な夢をみた。この戦争が終わったら世の中は世界通貨（international currency）で動くようになっていた。その通貨は中央基金（a central fund）なる組織がコントロールしている。この夢には実現性があるのだろうか。それを検討してくれないか」[*7]

モーゲンソーはこの指示と同時にホワイトを財務長官補佐官に昇格させた。英国のエコノミスト、エド・コンウェイはこのエピソードの持つ意味を次のように解説している。

「真珠湾攻撃の一週間後の日曜日、モーゲンソーはホワイトを最高の地位に引き上げた。財務省の公式な役職ではないが、長官アシスタントとしたのである。『（財務省の）外交が絡む案件はホワイトに任せたいからである。船は一人の船頭に任せるのが良い。彼の頭脳を利用したい』と説明された。（中略）こうしてホワイトは財務省ナンバー2に昇りつめた。採用されて七年もたたない職員がここまでの地位に上がることは驚くべきことであった」[*8]

つまりモーゲンソーは戦後国際金融スキームの構築という極めて高度なプロジェクトをホワイトに任せることで、財務長官の右腕（分身）として、本来、国務省が管轄するはずの外交マターに関与させることを明確にしたのである。

注

＊１、２：The Archival Evidence on Harry Dexter White
http://www.washingtondecoded.com/files/hdwappen.pdf
＊３：Tom Adams, The Trial of Harry Dexter White: Soviet Agent of Influence, December 17, 2004, University of New Orleans, p10.
https://scholarworks.uno.edu/td/177/
＊４：Robert Pringle, *The Money Trap: Escaping the Grip of Global Finance*, Palgrave Macmillan, 2014, pp40–41.
＊５：*The Summit*, p90.
＊６：同右、p100.
＊７：同右、p121.
＊８：同右、p122.

第七節　ホワイトvs.ケインズ

ホワイトは、モーゲンソーの夢を聞かされた二週間後（一二月三〇日）には原案をまとめあげた。ケインズも同様に英国案を出した。二人はそれぞれの案を吟味した。二人とも一九二九年に始まった世界恐慌の原因は為替相場の混乱にあったと分析していただけに、戦後は為替レートの安定が必要だという点では一致した。しかし金の保有量が激減した英国（ケインズ）は、為替価値を金とリンクさせないシステムにしたかった。一方で、当時の世界の金の七割以上を保有する米国（ホワイト）は、金本位制（正確には金為替本位制）を維持する案を出していた。

世界的名声のあるケインズではあったが、英国は戦後復興にアメリカの資金を必要とすることがわかっていた。それだけにアメリカの主張に抵抗することは難しく、ホワイトとの交渉では劣勢に立った。実務協議は一八カ月にわたって秘密裏で進んでいたが、一九四三年四月、「ファイナンシャルニューズ」（後に「ファイナンシャルタイムズ」に吸収された）のポール・アインジグによって報道され、世間の知るところとなった。[*1] 実務者協議が国家間の正式交渉に格上げされたのは同年秋のことであった。

一九四四年一月、ホワイトはソビエト代表とも協議している。当時は新国際通貨制度（後の国際通貨基金：ＩＭＦ）にソビエトが参加することが前提で協議されていた。ホワイトは、まだ結論が出ていないにもかかわらず、新体制は金（為替）本位制がベースになると説明していた。

ケインズ（右）と対峙するホワイト

ホワイトの発言にはソビエトを喜ばせる意図があった。金の産出国であるソビエトにとっては、金本位制度に基づく新通貨システムは、（たとえドルだけにリンクする仕組みであったとしても）好都合だった。その意味で、ホワイトの動きはソビエトの意向にかなうものであった。「このことをケインズが知ったなら機嫌を損ねたに違いなかった」[*2]。

一九四四年は大統領選挙の年であった。FDRは民主党大会の指名を受けるまでは四選出馬の意向をあえて封印し、言葉をにごしていたが、実際には出馬を前提に政治日程を詰めていた。ホワイトがケインズと進めている、戦後世界の通貨安定のための国際機構設立構想は、選挙（一一月初め）前に国民に発表したかった。前回選挙（一九四〇年）では史上初の三選を成し遂げた。この年の選挙では四選を目指すことになる。

FDRは、戦争が続いている限り、「川を渡っている最中には馬を替えるな（Do

not change horses in midstream：難しい時期に指導者を替えるな）」という格言が追い風になることがわかっていた。それでも再選を確実にしておかなくてはならなかった。再選を有利にする政治日程で、ホワイトにＩＭＦ創設会議スケジュールを組ませた。

ホワイトは、会議日程を七月一日から二二日、場所はニューハンプシャー州山間部にある避暑地ブレトンウッズとすることで調整した。この地が選ばれるまでには一悶着《ひともんちゃく》あった。当時ケインズはまだ六〇歳であったが心臓が悪かった。「頼むから七月のワシントンでの会議は勘弁してほしい。先の打ち合わせではこちら（英国）で協議をするはずだったではないか。（中略）どうしてもそちら（米国）でということなら、少なくともロッキー山脈あたりにある避暑地でお願いしたい」とホワイトに懇請していた。一方でモーゲンソー長官はワシントンから近いメイン州乃至《ないし》はニューハンプシャー州で開催地を探すよう命じていた。[*3]

ニューハンプシャー州をモーゲンソーが推したのには訳があった。同州出身の上院議員チャールズ・トビー（元同州知事、共和党）が、大統領選挙と同時期に改選を迎えていたのである。トビー議員は、非干渉主義に立ちＦＤＲ外交に批判的な立場を取ってきた上院銀行通貨委員会の有力メンバーであった。ＦＤＲは、敵である共和党重鎮の選挙区で「世紀の大会議」を開催させることで恩を売りたかった。[*4] モーゲンソーはその意を汲《く》んでホワイトに指示したのである。

ホワイトが最終的に選択したロケーションがニューハンプシャー州ブレトンウッズであった。標高一九一七メートルのマウントワシントンの麓《ふもと》（標高五〇〇メートル）に広がるリゾート地であり、複数の大型ホテルがあった。収容能力は十分であり、狭隘《きょうあい》な谷あい地へのアクセスルートは限られていたから警備も容易であった。会議場は同地最大級のマウントワシントンホテルに決定した。

戦時中だけにリゾート客は少なく、同地の景気は悪かった。ホテルの多くが廃業一歩手前にあった。マウントワシントンホテルは、この決定の少し前に、ボストンの投資家デヴィッド・ストーンマンが買収したばかりだった。雨漏りも多く、水道管も破裂箇所があり、壁はすすけていた。大規模なリノベーションが必要な建物で、とても国際会議を開ける状態ではなかった。

それにもかかわらず、連邦政府は三〇万ドルで契約を結んだ。政府はホテル修繕の突貫工事に一五〇人の工兵を派遣し、内外装を一新させた。工兵だけでなくドイツ人戦争捕虜も使役された。新しい電話回線が引かれ、古びた家具は新調された。わずか二週間で、廃業寸前にあったホテルは蘇った。新オーナー、ストーンマンにとっては願ったりかなったりであった。

なぜ彼のホテルが選ばれたのか、その詳細はわかっていない。ストーンマンはユダヤ人事業家だった。会議を所管する財務長官（モーゲンソー）もそのナンバー2（ホワイト）もみなユダヤ人である。「ユダヤの陰謀ではないか」と囁《ささや》かれた。[*5] 会場に選ばれることを、買収前に知っていたのではないかとの疑惑もあった。共謀の有無は定かではないが、モーゲンソーにもホワイトにも、東部エスタブリッシュメントの経営する大ホテルは使いたくないという心理があったことは容易に想像できる。

注

＊1：*The Summit*, p138. ポール・アインジグ（Paul Einzig）はトランシルヴァニア（現ルーマニア）生まれの英国籍の経済記者。経済学をパリ大学で学んだ。

＊2：同右、p149.

＊3：同右、p6.

＊4：同右、p7.

＊5：同右、p8.

第八節　ブレトンウッズで決まったアメリカ覇権

各国代表団は続々とやって来た。彼らは直ぐにブレトンウッズに向かったわけではない。ニューヨーク港に入ると隣のニュージャージー州にあるカジノリゾート、アトランティックシティに向かった。同地にあるクラリッジホテルに入り、米財務省担当者から草案のレクチャーを受けた。彼らへの「講義」はブレトンウッズに向かう特別列車の中でも続けられた。[*1] 短い期間で合意を得るには欠かせないプロセスだった。

ブレトンウッズ会議には四四カ国から七三〇人の参加があった。記者やカメラマンなどおよそ五〇〇人もやってきた。[*2] 先に書いたように、この会議はFDRの政治日程とリンクしていた。記者は誰にインタビューしても構わないことになっていた。ケインズは、「これでは何もかもが外に漏れてしまう」と不満だったが、ホワイトに押し切られた。[*3]

開会の言葉はFDRから寄せられた。

「(前略) 皆さんのこれからの議論は、世界各国の秩序と調和を目指す作業の一過程であるということです。これが最初の一歩ですが極めて重要な意味を持っています。私たちの生活の何もかもに影響を与えることになる議論なのです。各国の天然資源と、創意工夫や工業力で作られた生産物（工業製品）を（合理的に）交換できるシステムを検討するのです」

「交易（国家間取引）は自由社会の血液とも言えます。それを運ぶ血管が詰まってしまうようなことが二度とあってはなりません。これまでのように人工的に（交易を阻害する）バリアをもうけて、互いをライバル視するような無意味なことをしてはならないのです[*4]」

FDRのこのメッセージは至極当然なことを述べているように感じられる。しかし、ここには彼の狡猾《こうかつ》さが滲《にじ》んでいる。現在進行形で進んでいる戦いは「経済戦争」であり、その原因は自由な交易を阻害する経済ブロック化であると主張するが、世界交易の混乱と第二次世界大戦の勃発とは関係はない。FDRが、ヨーロッパの戦いに参戦すると決めなければ世界大戦にはならなかっただけの話である。ヨーロッパの戦いは、第一次世界大戦後のベルサイユ体制のドイツに対する不正義に起因する領土問題と政治思想（民主主義、ファシズム、コミュニズム）の衝突であった。

ヨーロッパの対立を煽《あお》る外交を展開したのはFDR自身であった。彼は、対立を緩和させる外交をとらなかった。このことは拙著『戦争を始めるのは誰か』や『誰が第二次世界大戦を起こしたのか』で詳説した。

ブレトンウッズ会議のアメリカ代表団幹部たち。前列右から2番目がモーゲンソー、後列左端がハリー・ホワイト

更に言えば、戦争というプロセスなしでも、ブレトンウッズ会議のような国際会議は開催できたのである。FDRの前任のハーバート・フーバー大統領はそれを目指して、ロンドン世界経済会議を提唱した。フーバーは一九三二年の大統領選に敗れたため、それを主宰することが叶わなかった。それを後任のFDRに託したが、彼は同会議（一九三三年六～七月）でのイニシアチブを取ろうとしなかった。それが同会議が何の成果も生まなかった理由だった。

一九三三年と一一年後の一九四四年とは何が違うのか。それは四四年には英国の国富が消えてしまった事実である。先にFDRの狙いは英国の世界覇権を奪取することにあったのではないかと書いた。第二次世界大戦の目的は、英国に戦争させることで米ドルを世界の基軸通貨にすることにあったのではないか。御用史観（釈明史観）に立つ書、例えば高校教科書『世界史B』などは、第二次世界大戦の原因を「経済のブロック化」にあったなどと書く。しかしそうした分析は、FDRの張った煙幕に誤魔化《ごまか》されている。

ブレトンウッズ会議では二つの部会があった。第一部会は国家財政破綻を回避する組織の設立を協議するもので、ホワイトが担当した。第二部会は経済発展を促す融資を行う組織に関わるもので、ケインズが担当した。最終的に前者は国際通貨基金（IMF）、後者は世界銀行となって結実した。

各国が重視したのは第一部会の方であった。外貨不足に陥った際の救済メカニズムを扱うだけに、国家の存亡と直結するからである。各国が経済力に見合った出資割当額（quota）をIMFに払い込み、それを原資として一時的に国際収支難に陥った国に対する短期の融資を実行するメカニズムが検討されたのである。IMF内での発言権（力）は出資額に比例することになる。各国は出資額の多寡を巡って角逐した。出資額の順位は国の威信にかかわる問題であっただけに、代表のメンツもかかっていた。ホワイトの補佐であったレイ・マイクセルが出資額算定方式とそこから導かれた出資額案を発表すると、たちまち不満の声が上がった。

フランスの場合は、本土にはドイツ傀儡《かいらい》のヴィシー政権が成立しており、参加していたのは亡命政権である自由フランスだった。FDRは戦わなかったフランスを軽蔑していた。また、彼には米英ソ中四国で戦後世界の平和を維持する「四人の警察官構想」があった。中国にはナンバー4の地位を約束していた。[*5] そのこともあってフランスの出資額は中国のそれより低い設定となっていた。フランスの出資額はベネルクス三国（オランダ、ベルギー、ルクセンブルグ）の合計額より低かった。フランス代表ピエール・マンデス＝フランス（後の首相）は激しく抗議したが、数字を変えることは叶わなかった。出資額は以下のように決定した。[*6]

IMF基金総額：88億ドル

出資割合

米国　　31％

英国　15%
ソビエト　14%
中国　6%
フランス　5%
インド　4・5%
その他38カ国計　24・5%（ソビエトは最終的にIMF不参加）

一方で、ケインズが議長を務めた第二部会では逆の現象が起きた。世界銀行となる組織についての協議であったが、これは国家プロジェクトへの個別融資を扱う組織であり、極論すれば国際金融機関（銀行）の補完組織であるとも定義できた。国家の威信には関わらないだけに、できれば出資額を減らしたいという思惑が働いていた。重要な第一部会をホワイトが担当した事実が、米英の力の逆転を如実に物語っていた。

FDRが開会の辞で述べた円滑な貿易決済制度については、基軸通貨となった米ドルだけに金との兌《だ》換《かん》性を認め（金一オンス＝三五米ドル）、これを基準に各国通貨価値を決定することで通貨の安定を確保した。可動変動幅上限は一%は認められていたが、実質金本位制を基礎にした固定相場制であった。

この制度は、加盟各国がアメリカに金の兌換を求めない限り恒久的に持続する。世界各国は取引上ドルを必要とする構造となり、通貨発行のうまみ（通貨発行益）を最大限享受できる国が英国から米国にシフトしたことを意味した。ここに、旧宗主国英国を超える大国になるという米国建国以来の国是は成就した。

一九四五年二月一二日、ＦＤＲはブレトンウッズ会議での決定を承認するよう議会に求めた。彼の自信に満ちたスピーチは次のように結ばれていた。


「我々は今、繁栄か危機かを選択する岐路に立っている。我がアメリカは、我々の強い影響力を行使し、世界を一つにまとめて協力させせえる立場にいる。その立場を取ることを議会が承認するか否か。そこに我が国民の将来がかかっている」[*7]

注

＊１：*The Summit*, p9.
＊２：同右、p203.

＊3：同右、p167.
＊4：同右、p213.
＊5：同右、p228.
＊6：R. S. Gorski, Summary Report on Bretton Woods Monetary Conference, May 1945
＊7：https://www.schillerinstitute.org/educ/hist/eiw_this_week/v2n29_jul17_1944.html

第3章

アルジャー・ヒス
ヤルタ会談の黒幕にして国連を作った男

前章でホワイトが、アメリカが世界の経済（通貨）覇権を英国から奪取する過程でいかなる役割を果たしたかを詳述した。この章ではもう一人の大物スパイ、アルジャー・ヒスの果たした役割を論じたい。

ヒスは、国際聯盟《こくさいれんめい》に代わる組織となった国際連合設立の会議（サンフランシスコ会議：一九四五年四月二五日〜六月二六日）を仕切った大物官僚（アメリカ代表）であった。FDRは死の直前まで、ポスト国際聯盟の行方を気にしていた。敬愛するウッドロー・ウィルソン元大統領は聯盟の設立は叶えたものの、議会の反対で米国はメンバーとして参加できなかった。FDRの脳裏には、議会との戦いの中で体調を崩し世を去ったウィルソンの悲劇のイメージが消えることはなかった。「自分は彼とは違う。最後までやる」という強い意志があった。新組織が設立できれば名実ともに世界のキングメーカーとなれる。しかし、FDRもその夢を果たす前に命が尽きた（四月一二日）。

FDRの国際連合設立の夢を託されていた男がソビエトスパイ、ヒスであった。

第一節　ハーバード卒のエスタブリッシュメント

ヒスは一九〇四年バルチモア（メリーランド州）に生まれた。織物業者であった父は事業不振で自殺し、母と叔母の下で養育された。学業に優れ、ジョンズ・ホプキンス大学からハーバード大学法学部に学び、同大教授フェリックス・フランクファーターの薫陶を受けた。

アルジャー・ヒス（1904–96）

フランクファーターは、一八八二年にウィーンの富裕なユダヤ人家庭に生まれ、一八九四年にニューヨークにやって来た。ハーバード大学法学部に学び、共和党員として活動を始めていたが、リベラル思想の若手法学者だった。一九一四年に同大学教授となり、第一次世界大戦が勃発すると、陸軍に移った。ウィルソン大統領の設置した仲介委員会のメンバーとなり、連合国とドイツとの調停実務に当たり、大戦が終了すると再び大学に戻った。

フランクファーターは、教え子の中から

優秀なものだけを選抜して、最高裁判所判事のオリバー・ウェンデル・ホームズ・ジュニアあるいはルイス・ブランダイスの事務所に助手として送りこみ研修させた。ヒスはそうした学生の一人であり、ホームズの下で修業した。

フランクファーターは、FDR政権が誕生（一九三三年）すると、訟務長官職（連邦政府が当事者となる裁判で政府側の弁論を担当する大統領指名職）のオファーを受けたが、断っている。しかし、FDRには社会主義的財政手法であるニューディール政策を採用するよう勧め、実施が決まると多くの門下生を同政権中枢に送りこんだ。その中の一人がアルジャー・ヒスだった。その他にも後のトルーマン政権で国務長官となったディーン・アチソンや、ヒスと共に国連憲章やポツダム宣言の起草に関わったベンジャミン・コーヘンなどがいた。

フランクファーターの推薦で、ニューディール推進の若手文系テクノクラートの一人（ブレイントラスト）となったヒスは、農務省農業調整局の法律顧問となった。FDR政権では農産物価格を上げることが目玉政策の一つだった。その手法は、綿花生産や養豚量を強制的に減産させることで市場価格を無理矢理上げるという荒っぽいもので、減産に応じた農民には補助金を出す社会主義政策だった。農務省はこの法律的には無理があるやり方に、脱法的理屈を考えなくてはならなかった。後に最高裁判所は、ニューディール政策の核となった農業調整法や産業復興法は憲法違反と判断している（一九三五年）。ニューディール政策がいかに全体主義的な性格を持っていたかが知れる。ニューディール政策実行に当たって、ヒスに代表されるかなりの数の法学系官僚が採用されたのは、違法を違法でないと言いくるめる必要があったからであった。

その後、ヒスは国務次官補フランシス・セイアー（ウィルソン大統領の娘婿）の顧問となり、貿易交渉の法的側面を担当した。一九三九年には、日本嫌いの国務省極東部長スタンレー・ホーンベックの補佐に任用された。チェンバースがFDR政権内にスパイ組織網があることを、アドルフ・バール次官補に告発したのはこの年である。先に、チェンバースがスパイの一人としてアルジャー・ヒスの名を挙げたこと、FDRはそれを伝えたバールに、「その辺の湖に飛び込んで頭を冷やせ」と叱責したことを書いた。FDRがチェンバースの告発をなぜ一顧だにしなかったか。その理由はヒスの毛並みの良さであった。典型的な東部エスタブリッシュメントの一員であり、彼と同様にブレイントラストとして送り込まれていた仲間も彼を擁護した。ハーバードの同窓ディーン・アチソンもその一人だった。

第二節　「真珠湾攻撃」資料隠蔽工作の謎

ヒスがソビエトGRU（赤軍参謀本部情報部）のスパイネットワークの一員となったのは、彼が農務省農業調整局に配属された頃であった。農業調整局の業務は本質的に社会主義的だったこともあり、多くのアメリカ共産党員がその身分を隠したまま採用されていた。その中にウェアグループと言われるスパイ組織があった。ヒスはその初期からのメンバーだった。[*1]

前節で書いたように、ヨーロッパで戦端が開かれた一九三九年に、極東外交の責任者だったスタンレー・ホーンベックの補佐職に就いたヒスは、対日外交交渉の内幕を知る立場にいた。FDR政権の対日外交は、日本を経済的に締め上げた上で、窮鼠《きゅうそ》に猫を嚙《か》ませるように、アメリカに最初の攻撃を仕掛けさせることであった。そこに至るFDRの対日外交については、ハーバート・フーバー元大統領の回顧録『裏切られた自由』に詳しい。ヒスは対日外交の中枢部門にいた。

いずれにせよ、在米資産凍結をはじめとした苛烈な経済制裁（財務省主導の政策）と中国からの全面撤退要求（ハルノート）によって、日本はいずれどこかで戦いを起こすだろうとFDR政権は期待した。ハルノートの手交で、日本の奇襲は当然に予想できた。

米日交渉の決裂により日本軍の奇襲攻撃が起きる可能性を、フィリピン（マッカーサー将軍）には知らせたが、真珠湾を守る二人の司令官（ウォルター・ショート将軍〔陸軍〕とハズバンド・キンメル提督〔海軍〕）には知らせていない。米海軍は、一九三二年二月に日本海軍による航空母艦を使用した真珠湾奇襲攻撃を想定した訓練を実施しており、日米交渉が破綻すれば真珠湾が奇襲攻撃のターゲットとなりえることは想定内だった。それにもかかわらず、フィリピンだけに警告を発し、ハワイには黙っていた。そこには何らかの思惑があったのではないかと疑うことは合理的である。

さて日本に真珠湾を攻撃させることには成功したが、その被害の大きさにFDR政権は驚いた。政権幹部だけではなく、議会も国民も大きな衝撃を受けた。議会はなぜ日本の奇襲を許してしまったかに強い関心を寄せた。この動きを国務省極東部は警戒した。日本を刺激する外交の最前線にいただけに、議会の調査が入ることはほぼ間違いがなかったし、実際そうなった。

ハル国務長官周辺の幹部は、議会の追及前に危ない資料の隠蔽、書き換えを考えた。中心人物は国務省参事官の一人ジョセフ・バレンタインだった。彼は横浜、神戸、大連あるいは台北などの領事職を経験した、極東外交に通じたキャリア外交官だった。

一九四一年一二月七日（米国時間）、ワシントン日本大使館は国務省に最後通牒を伝えた。しかしその時間にはすでにハワイでは戦いが始まっていた。これ以降日本は「不意打ちが得意な狡《ずる》い国」とのレッテルを貼られた。この運命の日の日本大使館（来栖三郎大使、野村吉三郎大使）と国務省とのやりとりは、時系列で記録されている。それを作成した人物がバレンタインである。[*2]

ヨーロッパ大陸の戦いに参戦したいと考えるＦＤＲ政権は、「ヨーロッパのごたごたには非干渉の立場をとるべきだ」とする八〇％以上の世論を変えさせたかった。それにはアメリカ領土が攻撃される事態を惹起《じやつき》させる以外に方法はなかった。真珠湾攻撃に日本を誘い込んだのはそのためであった。しかし日本の奇襲攻撃は余りに「見事」であり、議会が動かざるを得ないほどの大きな被害となった。そのことについては想定外であり、ＦＤＲ政権にとっては大きな誤算であった。国務省内には、日本を追い込んだこと、日本の暫定協定の投げかけを拒否した経緯や英国（チャーチル）の影響を示す文書、あるいはハワイの司令官への警告をおこなわなかった理由がわかる文書があったに違いなかった。いずれにせよ対日交渉に関わる文書は破棄か書き換えが必要だと考えるものがいた。

「（国務省極東部の）彼ら（バレンタインら）は真珠湾攻撃の後、ハル国務長官や大統領に誤ったアドバイスをしたことを示す公的書類や証拠となるものを密かに運び出した。それらはいかにして真珠湾攻撃に至ってしまったか、その責任は誰にあるかを示す内容だった[*3]」

「危ない」書類は秘密の部屋に運び込まれた。それらは単純に破棄すればよいというものではない。辻褄《つじつま》の合う内容に書き換えをした上で残しておかなければならないものもあった。その作業にはタイピストが要《い》った。タイプライターも国務省が使っている機種でなくてはならない。タイピストとしてたずさわった女性がオリーブ・シュラーだった。当時の同僚が、彼女から聞かされた作業内容を次のように書いている。

「彼女（オリーブ）はその作業が秘密のプロジェクトであり、他言無用と警告された。彼女は鍵のかかった小部屋で作業した。その部屋に入れるのは少数の限られた人物だけだった。そこは省の中央書庫から運び出された書類で一杯であった。（彼女は次のように言っていた）。『私（オリーブ）はタイプで打ち直しをさせられたのよ。あの長ったらしいごちゃごちゃした文書をおんぼろタイプライターを使って打ち直した（書き換えた）のよ。それだけじゃないわ、（公式文書として残す）国務省外交記録（the Foreign Relations Series）も改竄《かいざん》したのよ。結局私は我慢できずに他所への異動を願い出たわ[*4]』」

上記は、オリーブの同僚の宣誓供述書に書かれたものである。伝聞証言であり証拠力としては弱いが、ここに記された隠蔽工作そのものがあったことは確かである。そのことはホーンベック（長官特別顧問、前極東部長）からハル長官への一九四一年一二月一五日付のメモでわかる。それによれば、書類の改竄・破棄に関わっていたのはマックスウェル・ハミルトン（極東部長）とアルジャー・ヒスであった。作業の統括は国務省付歴史家ウォルター・スポルディングが担当した[*5]。彼らこそが秘密の小部屋にアクセスできた少数の人物だったのである。

アメリカは真珠湾攻撃に関わる資料の多くを未だ公開していない。その理由は、辻褄の合わなくなってしまった書類、つまり改竄された文書が見つかるのを恐れているからかもしれない。

注

＊1：『ヴェノナ』二四五頁。
＊2：Memorandum［93］Regarding a Conversation, Between the Secretary of State, the Japanese Ambassador（Nomura）, and Mr. Kurusu, 5 December 1941
＊3、4：http://richardsorge.com/appendices/schuleraffidavit/thomasaffidavit/thomasaffidavit.pdf
＊5：Anthony Summers & Robbyn Swan, *A Matter of Honor*, Harper, 2016, p61, p390.

第三節　ＦＤＲ最後の夢

国際聯盟に代わる組織の構築はＦＤＲの夢であり、彼はその組織の長になりたかった。
その一方で体力は日に日に衰えていった。ＦＤＲの死は一般には心臓発作で予期できない突然のものであったとされているが、真の死因は左目瞼《まぶた》付近に発症した皮膚がん（悪性黒色腫）が脳に転移したのではないか、主治医は彼が死の病に侵されていることを知りながら隠していたのではないか、との疑いも出ている。FDRの行動と残された医療記録を丹念に追った『ルーズベルトの死の秘密』（草思社）[*1]が発表されたことで、その疑いはますます濃くなっている。そこに次の記述がある。

「ルーズベルトはウッドロー・ウィルソン元大統領を敬愛していた。ウィルソンは国際連盟を設立することができたがアメリカの加盟はならなかった。政党間の激しい論争の結果、議会はアメリカの加盟を認めなかった。ウィルソンはこの政治闘争に敗れたのである。そしてその敗北は彼の健康までも蝕んだ。ウィルソンの生涯を描いた映画『ウィルソン』が公開されたのは一九四四年のことである。ウィルソンを演じた役者アレクサンダー・ノックスが低い声でつぶやく敗北の声を、ルーズベルトは聞いていた。『私は絶対に彼の二の舞にはならない』。それがルーズベルトの強い意志だった」[*2]

ウィルソン大統領は病に倒れ、一九二〇年の大統領選挙には出馬できなかった。民主党候補はジェイムズ・コックス（オハイオ州知事）となり、コックスは演説の名手ＦＤＲをランニングメイト（副大統領候補）に選んだ。ラジオやテレビはまだなく、政治家として大成するには演説力が必要だった時代を象徴する人事だった。選挙戦では、ＦＤＲは聯盟への参加の必要性を訴える演説を八〇〇回以上もこなしていた。映画『ウィルソン』を鑑賞し、自身の若き日々を懐かしく思い出しながら、新国際組織を設立しそのリーダーとなる。その思いをあらためて強くしたに違いなかった。

ＦＤＲの愛人の一人にマーガレット・サックリーがいる。彼女はＦＤＲの死の場面に居合わせた。死の二週間ほど前の彼女の日記（一九四五年三月三一日付）に次のような記述がある。

「ＦＤＲの本当の夢は平和維持の国際組織の設立なのです。その組織を起動させたいのです。他のことは彼には意味がありません。だからこそ彼には、健康に十分に気を付けてもらう必要があります。『国際連合設立計画を進めたいのでしょう。あなたが健康でなかったらそれも進みません。だから身体を大事にしなくては駄目よ』と言って励ましたのです[*3]」

病んでいることを知っていたFDR自身の発言やその側近の言葉から、FDRにとって国際連合設立がいかに重要だったかが理解できる。実際、FDRは日本との戦いが始まるとすぐに行動を起こしていた。国務省に専門家を集め、国際連合設置のための準備作業に入らせていた。

国際連合の基本構想を練ったのはホーンベックの補佐レオ・パスヴォルスキーである。一八九三年にロシア帝国領土であったウクライナの町パウロフラードに生まれ、一九〇五年に反ロマノフ王朝の考えであった両親とともにアメリカに逃げた。コロンビア大学で学んだ後、ブルッキングス研究所の経済研究員となった。この研究所（シンクタンク）はニューディール政策推進の立場でFDR政権の理論的支柱となっていた。パスヴォルスキーは反ロシア帝国の立場からロシア革命に同情的であり、アメリカのソビエト国家承認をFDRに訴えた人物の一人だった。ラルフ・バンチ（政治学者）、グレイソン・カーク（後のコロンビア大学長）も作業に加わった。黒人学者のラルフ・バンチを参加させたことは政治的にはリスキーだったが、彼のアフリカについての深い知識が役立った。[*4]

彼らが勤務する国務省の部署には特別政治問題担当部（Office of Special Political Affairs）という名称が付けられた。第三者からは業務内容がよくわからないこの命名は議会の警戒を生まない工夫であった。ウィルソン大統領のときは議会の反対で聯盟のメンバーになることが叶わなかった。FDRは国際連合構想の最大の障害はワシントン議会になるだろうと考えた。新部署名を目立たせたくなかったのはそのためであった。[*5] 議会の妨害を避けたかったのである。

アルジャー・ヒスが特別政治問題担当部に異動し事務方の作業を任されたのは、ダンバートンオークス会議開催の少し前のことであった。ダンバートンオークスは富裕な国務省プロパーの外交官ロバート・ブリスの私邸（ジョージタウン、ワシントンDC）だった。ここにFDRが戦後世界の警察官となる四人（米英ソ中四カ国代表）を集め、国際連合の具体的青写真を描く作業を始めさせた。

特別政治問題担当部の設置は、第一回モスクワ会談（一九四三年一〇月一九～三〇日）後の共同声明を受けてのものだった。近現代史ではこの会談にほとんど注意を向けていないが、戦後、聯盟に代わる国際機関を設置することはここで決定した。第一回モスクワ会談には四人の外相が参加した。

米国：コーデル・ハル国務長官
英国：アンソニー・イーデン外相
ソビエト：ヴァチェスラフ・モロトフ外相
中国：傅秉常《ふへいじょう》駐ソ大使（宣言に調印したが協議には加わっていない[*6]）

「（前略）この会議では、ドイツおよびそのヨーロッパの衛星国（her satellites）との戦いをいかに早く終わらせることができるかについて協議した。忌憚《きたん》ない意見を交わすことができた。また各国の参謀本部を代表する軍のエキスパートの参加で、軍事に関わる協議もスムースに進めることができた[*7]」とする共同声明が発表された（モスクワ宣言）。ヨーロッパ戦線での戦いの基本原則を再確認した内容であったが、「大西洋憲章遵守《じゅんしゅ》、相互協議、無条件降伏要求、対独降伏要件についての一致協力および（戦後の）和平維持のための国際機関の設置について[*8]」（傍点筆者）も協議し、意見の一致をみた。四人の警察官（米英ソ中）による国際連合構想はモスクワで決められたのである。

この決定をハル国務長官は素直に喜んでいる。

「各国代表が調印したことを確認すると私は嬉しくなった。戦後の和平維持の国際機関の設置が決まったのである。その機関は必要であれば軍事力の使用が可能となるのである[*9]」

一九四四年八月から始まったダンバートンオークス会議は、上記声明を実行に移すための実務者会議だった。

注

＊1：スティーヴン・ロマゾウ、エリック・フェットマン『ルーズベルトの死の秘密』渡辺惣樹訳、草思社、二〇一五年

＊2：同右、一八頁。

＊3：Geoffrey C. Ward, *Closest Companion*, Simon & Schuster, 1995, p403.

＊4：United Nations Oral History Project: Alger Hiss, 13 February 1990, p2.

＊5：同右、p1.

＊6：The Founding of the United Nations, p9. https://acuns.org/wp-content/uploads/2012/06/The_Founding_of_the_United_Nations_-_International_Cooperation_as_an_Evolutionary_Process.pdf

＊7：『裏切られた自由（上）』五九四頁。
＊8、9：同右、五九五頁。

第四節　ソビエトスパイが仕切った国際連合設立作業

この会議の各国の代表は以下である。

米国：エドワード・ステティニアス国務次官
英国：アレキサンダー・カドガン外務次官
ソビエト：アンドレイ・グロムイコ駐米大使
中国：顧維鈞《こいきん》駐英大使

本来であれば、四カ国それぞれが基本構想（青写真）を持ち寄って、比較検討しながら構想を練り上げていくはずであった。しかし検討に値する素案を出せたのは米国だけであった。英ソ中三国は、現実の戦いの中で、戦後構想にまで手が回らなかったし、何より青写真作りに人を割く余裕はなかった。その結果、米国務省案が議論の土台となった。

アルジャー・ヒスは米国代表事務局長の立場で参加した。ヒスは後に当時の状況についてのインタビューを受けているが、議事録は自身のものが公式なものになったと語っている。[*1]国際会議では各国が独自に議事録をつけるのが通常である。英ソ中三国は米国の事務方に頼りきりであったことがわかる。

この会議では後の国際連合となる組織の四本柱が決められた。第一にメンバー国すべてが参加する総会、第二は安全保障理事会、第三は国際司法裁判所（聯盟の常設国際司法裁判所の後継機関）、第四はメンバー国から選任される事務総長であった。

特筆すべきは、侵略国と認定された国家への物理的強制（軍事行動）が必要となる事案は安全保障理事会の管轄とされ、同理事会の構成は常任理事国五（四人の警察官プラス仏）と任期二年の非常任理事国六となった。フランス亡命政権（自由フランス）を常任理事国とするよう要求したのは英国である。国家としての存在が心もとない中国を推す米国に対抗したのである。[*2]国際聯盟の存在意義は広く認められていたが、それが機能不全に陥ったのは軍事的強制力を欠いていたからであったという共通の認識が、出席者にはあった。その欠陥を補正する組織として安全保障理事会を設け、国連軍をその管轄に置く仕組みが構想された。

　国連に軍を供出し、侵略国家と認定された国との戦争行為にも参加しなければならない仕組みであるだけに、各国の憲法との整合性を保つのが難しい。従って、安全保障理事会の議決方式には十分な検討が必要だった。ダンバートンオークス会議では、これについての決定は今後の首脳会談に委《ゆだ》ねることとした。この時期はアメリカは大統領選挙戦の渦中にあり、首脳会談を行うことはできなかった。もう一つ難しい問題があった。ソビエトが、連邦を構成する一六カ国を個別の国家としてメンバーとするよう主張したのである。これにはアメリカ代表が強く反発した。この難題についても次回の首脳会談（後述のヤルタ会談）まで先送りとなった。

　こうして、ソビエトスパイ、アルジャー・ヒスが実質的な事務局長を務めたダンバートンオークス会議は終了した。次節ではヤルタ会談を扱うが、その前に一点だけ指摘しておきたい。ダンバートンオークス会議では四カ国が一堂に顔を合わせて会談していない。八月二一日から九月二八日までは米英ソ三国が、九月二九日から一〇月七日までは米英中三国が協議し、中ソ両国代表が正式な協議の場で同席することはなかった。[*3] ソビエト代表が同席を嫌ったのである。

従って厳密に言えば、ダンバートンオークス会議は四カ国協議ではない。二つの個別の三カ国協議だった。ヒスは、中国との協議は同国が四人の警察官の一人であることの体裁を作るだけのものであり、構想協議に参加したとはいえないと語っている。[*4]

注

＊1：United Nations Oral History Project: Alger Hiss, p8.
＊2：S. M. Plokhy, *Yalta*, Penguin Books, 2011, p120.
＊3、4：The Founding of the United Nations, p14.

第五節　ヤルタ会談　死を覚悟していたルーズベルト

一九四四年は大統領選挙の年であった。表面上は四選についての意志を見せていなかったFDRだが、本心は党の要請であれば受けるという形にしたかっただけであり、再選を狙っていた。この年の夏の民主党大会（七月一九〜二一日）はシカゴで開催され、FDRは目論見通り党の候補となった。ランニングメイト（副大統領候補）には知名度の低いハリー・トルーマン上院議員を指名した。通常であれば候補者は、大会に参加し指名が決定した時点で受諾演説をする。しかし、FDRは党大会には出席せず、西海岸のサンディエゴにいた。この時期にあわせるように太平洋艦隊視察の旅に出ていたのである。

彼の受諾演説はサンディエゴのキャンプ・ペンドルトン（海兵隊基地）からラジオを通じて行われた。ある史書は次のように書いている。

「ラジオを通じての受諾スピーチでは、これまでとは違い、これからの選挙戦では、全国を駆け回るようなことはできない、最高司令官としての職務を優先すると訴えた。『戦争の悲劇は続いている。そんななかで従来どおりの選挙キャンペーンは実施できない。キャンペーンに時間を割く余裕がない。それでも国民に戦況を伝え、誤った情報が伝えられたら、それを正す努力を厭《いと》わない』」

FDRはラジオを通じてもう一つのメッセージを発した。『来たる大統領選挙は、経験豊かな政治家を選ぶか、未熟な政治家を選ぶか』の戦いになると述べたのである。共和党の候補トーマス・E・デューイは四十二歳だった。まだニューヨーク州知事になってから二年にもなっていなかった。『経験の浅い政治家に任せるのか、それとも世界の現実を見てきた経験豊富な政治家に任せるのか。その経験ある政治家が今（ヨーロッパ戦線では）攻勢をかけている。勝利の手前まで来ているのである』と述べたのである」[*1]

ラジオを通じた語りでは体調の悪さを感じさせなかったが、この時期には皮膚がんが腹部や脳に転移していたようである。カリフォルニアへの移動は大統領専用列車を使っていたが、その途次に激しい腹痛を起こしていた。添乗していた長男のジェイムズは、父の顔が土気色であったこと、「もうだめかもしれない」と漏らすつぶやきを聞いたことを記録していた。[*2]ＦＤＲはサンディエゴからハワイに向かい、そこでダグラス・マッカーサー将軍と会った。マッカーサー将軍は、「彼の肉体は魂の抜け落ちた抜け殻のようなものだ」、「大統領は一年以内に亡くなるな」[*3]と語っていた。

それでも政治家というものは、選挙となるとアドレナリンが出るらしい。ＦＤＲもそうであった。受諾演説では従来のような選挙活動はできないと語ったものの、選挙戦が始まると落ち着けなかった。ＦＤＲは体調がすぐれないのではないかという噂もメディアから漏れていた。この噂を打ち消す必要があると考えた選挙関係者は、投票日も迫った一〇月二一日土曜日に大掛かりなイベントを組んだ。ブルックリンにあるエベッツ球場（当時ドジャースが本拠地としていた）からマンハッタンまでの五一マイル（およそ八〇キロ）のパレードを計画したのである[*4]。

この日の天候は最悪だった。演説会場となったブルックリンでは強い雨が降り、マンハッタンに入るころには土砂降りとなった。気温も下がり、冷たい風も吹く戸外でパレードを見る者は寒さで唇を震わせた。そんな中を、ＦＤＲは無《む》蓋《がい》のオープンカーの後部座席に陣取り、帽子もかぶらず四時間にわたって選挙民に愛想を振りまいた。

雨中のパレード敢行で健康不安説を一掃したＦＤＲは、一一月七日の大統領選挙に勝利した。国民は「川を渡っている最中には馬を替えるな」の格言に従ったのである。

ＦＤＲの次なる政治日程は、ダンバートンオークス会議で積み残された課題に首脳会談で決着をつける作業だった。戦後の国際金融のおおよその枠組みは夏のブレトンウッズ会議で出来上がっていた。これについてはワシントン議会の承認を得る自信があった。残された懸案がダンバートンオークス会議でペンディングとされていた国際連合事案であった。

一九四五年一月二〇日、ＦＤＲはホワイトハウスのバルコニーで就任演説に臨んだ。この日も彼の体調はすぐれなかった。スピーチはわずか五七三語で、これまでの三回の就任演説の中で最も短かった。いつも通り父親の傍で介添えにあたっていた息子のジェイムズは、FDRの身体が小刻みに震えているのを見ている。[*5] FDRは、現在進行形の戦争の行方に関心はなかった。戦後世界の枠組みこそが彼の関心事であった。そしてその枠組みは共産主義国家ソビエトを信用することでしか構築できないことを悟っていた。

「我々が友人を作ろうとするのであれば、我々がまず相手の友人になる態度を取らなくてはならない。恒久的和平を築くためには、相手を疑ったり、信用しなかったり、恐怖心を持った態度で接してはならない。そのように考えれば、相互理解も可能であり、（交渉のための）自信と勇気も湧くのである」[*6]

この国民への訴えは自身に言い聞かせる言葉だったようだ。この日の午後、FDRはジェイムズに遺言の話をしている。いつもはめている指輪はジェイムズに譲り、葬儀に関わる指示は金庫に入っていると伝えた。[*7] FDRは死が忍び寄っていることを感じていた。その前に国際連合だけは設立したかった。

就任演説から三日後の一月二三日早朝、薄明の中を重巡洋艦クインシーがニューポートニューズ（バージニア州）を出港した。船上には、クリミア半島ヤルタでの三巨頭会談に向かうFDRの姿があった。

注

＊1：『ルーズベルトの死の秘密』二〇二〜二〇三頁。
＊2：同右、二〇三頁。
＊3：同右、二〇五頁。
＊4：同右、二一五頁。
＊5：*Yalta*, p3.
＊6、7：同右、p4.

第六節　スターリンが決定した会議の地

三首脳会談がヤルタで行われることは極秘であった。そのことは、ジョージ・マーシャル陸軍参謀総長の通訳として会議に参加したジョセフ・メイトン大佐の証言でわかる。メイトンはCIA（中央情報局）の前身であるOSS（陸軍戦略情報局）のソビエト担当部門長だった。彼は一九八八年のインタビューの中で、ＦＤＲの南ロシア訪問のニュースを、一九四五年一月一八日のラジオで聞いて驚いたと証言している。[*1]

前節で書いたように、ダンバートンオークス会議で積み残された懸案を、スターリンとの直接会談で解決できなければ、国際連合は設立できない。何としてもスターリンとの会談は実現しなくてはならなかった。ＦＤＲは遠隔地での会談には抵抗はなかったはずである。自身の健康状態を考えれば、大型軍用艦を使った船旅でゆっくりと身体を休めることができるだけにむしろ好都合であった。

ＦＤＲは地中海沿岸の港町を会談地としていくつか提案していた。ところがスターリンはそれを頑として拒否し、自国領土内にあるクリミア半島の町ヤルタを提案した。彼は飛行機が嫌いだった。ヤルタなら地上だけの移動ができた。この港町は、半島南部の黒海沿岸にあり気候も穏やかな保養地であった。ロマノフ王朝時代に作られた大型の邸があり、会議開催のためのインフラストラクチャーは整っていた。しかし、ルーズベルトがそこまでを海路で移動するには、ダーダネルス・ボスポラス海峡を通過して黒海に入らなくてはならず危険すぎた。そのため途中どうしても飛行機を使わざるを得ない遠隔地であった。それでもスターリンがヤルタを強硬に推したのは、ＦＤＲは必ず折れるとの自信があった

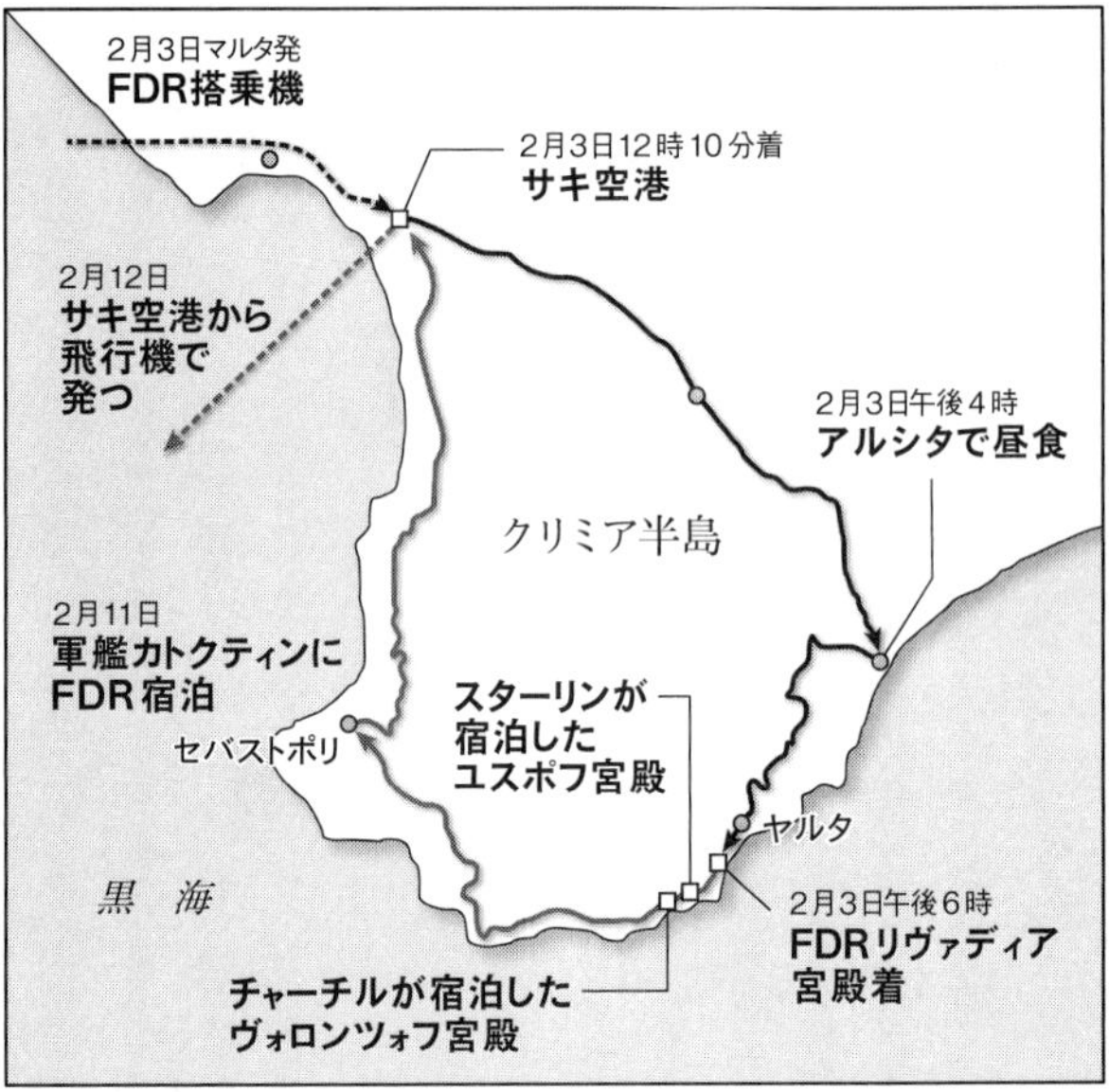

ヤルタ会談での FDR のルート

からだった。

　ヤルタが会談の地となったことで、ＦＤＲの旅程はマルタ島までは海軍船で、そこからは飛行機での移動となった。クリミア半島中西部のサキ空港からは、半島南部の山間の道を六時間走ることになる。二月二日、ＦＤＲを乗せた重巡洋艦クインシーがマルタに到着した。マルタには既にチャーチルが到着し、英米軍高官は対ドイツ戦争の方針を三日前から協議していた。

　チャーチルは出発前にＦＤＲと事前打ち合わせを済ませたう

えで、ヤルタでの会談に備える心づもりだった。軍高官はそれまでの協議内容についてのブリーフィングを予定していた。しかし、ＦＤＲは大西洋上でのんびりできたはずにもかかわらず、用意されていた資料も読んでおらず、軍高官のブリーフィングにも興味を示さなかった。「ＦＤＲは聞いているだけで一言もしゃべらず、早く終えてくれという態度を見せて」いたこともあって、「幹部は報告するだけで早々に退散した」[*2]のである。チャーチルも何も打ち合わせることはできなかった。

マルタ島からクリミア半島への空の移動一二〇〇マイル（およそ一九〇〇キロ）は、心臓への負担を軽くするため低高度（一八〇〇～二四〇〇メートル）で飛んだ。ＦＤＲは明らかに病が進行し、疲れていた。それでも、ロシアの地を踏んだとたんＦＤＲの脳内には、前年の雨中パレードの時のようにアドレナリンが溢《あふ》れ出たらしい。風防ガラスもない無蓋のジープ（オープンジープ）に乗り、サキ空港からヤルタに向かったのである。

九二マイル（およそ一五〇キロ）の距離をオーバーを着込んで移動した（空港着二月三日午後一二時一〇分、宿舎リヴァディア宮殿着午後六時）。外気温は一四度、助手席に座ったＦＤＲの身体には直接寒風が吹き付け、体温を奪ったはずであった。前述のメイトン大佐は、「私がＦＤＲの側近だったら絶対にそういうことはさせなかった」と語っている。[*3]

数カ月前にマッカーサー将軍の前で死相を見せていた男の行動とはとても思えない。FDRは「アンクルジョー（スターリン）」とのテヘラン会談以来の再会に心を躍らせていたのである。大型乗用車でヤルタに向かったチャーチルは、しっかりと厚いコートに身を包んでいた。

次節に移る前に、一点だけスターリンの思惑について触れておきたい。ヤルタ会談の会場はリヴァディア宮殿だった。この建物はニコライ二世の保養所（離宮）であった。ここが会議場であり、またアメリカ代表団の宿所でもあった。チャーチルら英国代表団は、ここから車で三〇分の距離にあるヴォロンツォフ宮殿を宿所としていた。一方、ソビエト代表団はその中間地点にあるユスポフ宮殿を使った。この頃はFDRとチャーチルの間でスターリンに対する態度に違いが出ており、二人の関係はよくなかった。そのことを諜報網からの情報で知っていたスターリンは、ソビエトへの警戒感を見せ始めたチャーチルと、全面的にスターリンの要求を叶《かな》える態度でいるFDRを、可能な限り遠ざけておきたかった。その意思の表れが、宿舎の配置であった。

注

＊1、3：1945 Yalta Conference, Franklin Roosevelt, Col Mayton own videos
＊2：『ルーズベルトの死の秘密』二四八頁。

第七節　ヒスの暗躍と議事録なき会談

一月二〇日、モスクワのウィリアム・アヴェレル・ハリマン駐ソ大使はモロトフ外相と会っている。ハリマンは米国が考えるヤルタでのアジェンダ（協議事項）を説明した（モロトフの日記）。大使は、分割を含めた戦後ドイツ占領政策、ダンバートンオークス会議で積み残された懸案、戦後ポーランドの扱い、太平洋方面（極東）での戦いの進め方の四点が主たる議題になると説明したうえで、「スターリン元帥が協議したい事案が他にあるか」問うた。モロトフは次のように答えた。

「わが政府はアジェンダを持っていませんし、特に提案しようとも考えていません。スターリン元帥は、（大統領の）協議したい事項は何でも話し合うつもりでいます」[＊1]

左からチャーチル、ルーズベルト、スターリン

同日、ハリマン大使はイワン・マイスキー外務次官（前駐英大使）とも会っている。マイスキーは、FDRが何をスターリンと協議したいか既によく知っていた。第一に戦後の国際連合の設置（要するにダンバートンオークス会議で積み残された懸案）、第二は戦後ドイツの扱いであるとハリマンに語っていたのである。[*2] マイスキーはヤルタ会談のソビエト代表団の一人となった。ソビエトはヒスあるいはホワイトを通じて、FDRの心の内を読み切っていた。その自信があったからこそ、モロトフはスターリンは何でも協議する用意があると鷹揚《おうよう》に語ったのである。

ヤルタでの会談は二月四日から始まり一一日に終わった。アメリカ側代表団の外交トップはエドワード・ステティニアス国務長官、軍の最高幹部はウィリアム・リーヒー提督（統合参謀本部議長）であった。他にどういった人物が会議に参加していたかは『裏切られた自由（下）』に詳しいが、その中にはアルジャー・ヒスの名も見えている。[*3] そうそうたる高級官僚や軍幹部に混じって中級官僚（国務省特別政治問題担当副部長）に過ぎないヒスをヤルタに連れて行くことを決めたのは、FDR本人であった。[*4]

ヤルタ会談では本来の議事録が取られていないが、世界の今の在りようを決めた重要な国際会議でそれが残されていないことは考えにくい。公開されていないと書いた方が現実に近いだろう。その理由は二つある。一つは秘密協議のあまりの多さである（後述）。もう一点は議事録を公開することでFDRの激しい衰えが露見するからであろう。FDRが思考する能力を失っていたことは英国代表団の一人アレキサンダー・カドガン卿（外務次官）が次のように語っていることからわかる。

「彼（FDR）が出席を求められた会議でも、内容を理解したり、会議をリードしようということは一切しなかった。ときに議論に加わる場面ではまったく無関係な話をする始末であった」[*5]

FDRの衰弱と「呆けぶり」を見たのはカドガン次官だけではない。チャーチルの主治医としてヤルタにいたモーラン卿は、「アメリカ人の連中は、大統領がもはや体力的に限界を超えていることに気づきもしない」、「彼は呆然とただ前を見つめ、いま起こっていることも理解できないようだった」とあきれたように記録している。[*6]

そのFDRの後ろに常に控え必要に応じてメモを入れていたのが、大統領特別補佐のハリー・ホプキンスとアルジャー・ヒスだったのである。[*7] 要するにヤルタ会談においては、実質ナンバー3の立場でFDRを補佐したのがヒスであった。

FDRの思いは何としてでも国際連合を立ち上げることだった。その視点からすれば、ダンバートンオークス会議で実質的事務局長を務めたヒスを側近として扱うのは当然ではあったが、本来の外交トップである国務長官や軍幹部の視点からは納得できないヒスの任用であり、彼の会議での振舞であった。FDRの政敵ハミルトン・フィッシュ議員は次のように書いている。

「ルーズベルト大統領はほとんど自分だけで判断していた。ヤルタに到着する前にすでに何をするかを決めていた。ポーランドに対する裏切り（注：ソビエトが占領した地域をソビエト領とすること）、提案されている国際連合に対する支援、ドイツに対するモーゲンソープラン。スターリンから何か要求されれば、何もかも譲歩した」[*8]

上記にある「スターリンから何か要求されれば、何もかも譲歩した」部分のほとんどが密約となった。その内容は次節で扱うが、スターリンへの妥協は全て国際連合設立のためであったと推理される。スターリンは、ＦＤＲが人生最後の場面で、その夢の実現のためには何もかも犠牲にしてもかまわないと覚悟していることを、二人のスパイ（ホワイト、ヒス）を通じてわかっていたのである。

会議最終日の二月一一日、共同声明が発表された。その結論部分は以下の通りである。国際連合設立は三首脳の合意となったことが高らかに謳《うた》われているが、その為に何が犠牲になったか（密約）については一切の言及がない。

「〈戦いで見せた団結を平和にも（Unity for Peace as for War）

クリミアでの会談で、（これから訪れる）平和な時にあっても、（連合国の）団結は維持され、いっそう強化されることをあらためて確認した。連合国は一致団結することができたからこそ、この戦いを続けることができ、かつ勝利を確実なものにできた。

これこそが連合国国民に対する義務であったし、また世界の人々に対する義務でもあった。

ここに集まった三国はこれまでどおりに、あるいはそれ以上に協力する。また平和を願うすべての国々と協力する。それによって人類の崇高なる願いを実現させることができる。その願いとは、平和の保障と永続である。その精神はすでに大西洋憲章で明らかにされている。つまりすべての人類がこの世界のどこにあっても自由を謳歌し、恐怖と欠乏から自由になることである。

この戦争に勝利し、提案されている国際組織が設立されれば（傍点筆者）、今後何年かのうちに、歴史上初めてそうした平和に必須の状況を創り出す偉大な機会が与えられるだろう。

一九四五年二月十一日

ウィンストン・S・チャーチル
フランクリン・D・ルーズベルト
J・スターリン〉」[*9]

ルーズベルトはクリミア山脈越えの往路とは違い、高低差の少ない海岸に沿った道を帰路に使って飛行場に向かった。アメリカ代表団のほとんどが同時期に帰国したが、少数の実務部隊が詳細を詰めるためにモスクワに向かっている。国務省からはステティニアス長官ほか三名が参加した。その一人はアルジャー・ヒスであった。[*10]

注

＊1、2：Susan Butler, *Roosevelt and Stalin*, Knopf, 2015, p348.
＊3：『裏切られた自由（下）』二三三頁。
＊4：同右、二二二頁。
＊5：『ルーズベルトの死の秘密』二五三頁。
＊6：ハミルトン・フィッシュ『ルーズベルトの開戦責任』渡辺惣樹訳、草思社、二〇一四年、二七九頁。
＊7、8：同右、二八三頁。
＊9：『裏切られた自由（下）』六九頁。
＊10：John Earl Haynes, Harvey Klehr and Alexander Vassiliev, *Spies: The Rise and Fall of the KGB in American*, Yale University Press, 2009, p21.

第八節　国際連合の参加資格と駆け込み参戦

アメリカ議会も国民も、ヤルタでの協議は成功したと素直に思った。彼らは、前節にある共同声明以上のことを知らされていないだけに、成功を疑う理由はなかった。三月一日、FDRはヤルタ会談の成果を議会で説明した。彼は議会や国民に向けてのスピーチでは、不自由な下肢につけた鉄製の副木《そえぎ》を器用に操り必ず立って語りかけた。しかしこの日は、もはやその体力も残っていなかった。「今日はいつもと違い、座ったままでのスピーチになることをご容赦願いたい。一〇ポンドの鉄の塊（副木）をつけて立ったままでしゃべるよりも、座って話したほうが楽なことはご理解いただけると思う」と言い訳したうえで、椅子に腰かけたまま報告を始めた。[*1] この時点では脳に転移したがん細胞が視覚に影響を与えていたようだ。視野欠損が起きていたようで、原稿に慎重に指を滑らせながらのスピーチだった。それでも読むべき場所を四九回間違え、原稿にはない言葉七〇〇語を使った（「タイム」一九四五年三月一二日号）。[*2] 余計な七〇〇語は間違いをごまかすためのアドリブに使われた。FDRの身体は明らかに変調をきたしていた。それでも議会での説明に果敢に臨んだ理由は次のように説明されている。

「ヤルタ会談から帰った大統領の報告を、議会も国民も待ち望んでいた。この日のスピーチはルーズベルトの政治経歴のなかでも最も重大なものであったかもしれない。彼は自分の体力が限界に来ていることに気づいていただろう。その状況のなかで、彼の理想とする戦後世界を語らなければならなかった。ヤルタで何を決めてきたかの報告よりも、むしろ大戦後の平和維持の仕組みを議会とアメリカ国民に理解させなければならなかった」

「マーガレット・サックリーは、『平和維持の国際組織をつくる。ルーズベルトの頭にあったのはただその思いだけであった』と日記に記している。実際ルーズベルトは、マーガレットに、国際組織ができたなら、大統領職を辞してその組織の長になりたいと打ち明けていた」[*3]

確かにFDRの議会での説明は世論に訴える効果があったようだ。国際平和組織（国際連合）への参加を是とするものが六〇％から八〇％に跳ね上がった。連合国間の協力体制に満足するものも四六％から六四％に増えた。[*4] 後述するヤルタ会談の秘密協定部分は明かされていなかったから、それも当然だったかもしれない。メディアや会談の参加者からその内容が漏れ始めたのは、会談から二年先のことだった（一九四七年三月半ば）。四〇万語を超える報告書の発表はさらに遅れ、一九五五年三月まで待たなくてはならなかった。[*5] 従って、アメリカ国民も世界世論も、米英ソ三巨頭が平和な戦後世界の構築に向けて固く握手したのだと理解した。

三月五日、ＦＤＲは連合国各国に、国際連合設立のためのサンフランシスコ会議開催（四月二五日）の知らせと招待状を発送した。招待されるべき国はダンバートンオークス会議では「平和を愛好する国」という曖昧《あいまい》な表現で定義されていた。それがヤルタでは「一九四五年三月一日以前に枢軸国に対して宣戦布告した国」と具体的に再定義された。[*3] 定義を厳格化したのはソビエトの要求であった。ソビエトはアルゼンチンにプレッシャーをかけたかったのである。アルゼンチンは枢軸国ではなかったが親ナチス外交を続けており、ソビエトはそれに憤っていた。再定義には、アルゼンチンをはじめとした中立国（枢軸国に宥和的な国）は国際連合のメンバーにはしないとする「脅しの」意味があった。狙いを察した中立国は、次々に対日対独宣戦布告に踏み切った。

一九四五年
二月二日　エクアドル
同月七日　パラグアイ
同月一二日　ペルー
同月一五日　ベネズエラ、ウルグアイ
同月二三日　トルコ
同月二四日　エジプト
同月二六日　シリア
同月二七日　レバノン
三月一日　イラン、サウジアラビア
同月三日　フィンランド（対独）
同月七日　ルーマニア
同月二八日　アルゼンチン
四月一一日　チリ（対日）、スペイン（対日断交[*6]）

三月一日前に駆け込み的に対日対独宣戦布告（含断交）を決めた国が目立つ。この結果、日本との外交関係を残す国はソビエト、スイス、バチカン、スウェーデン、ポルトガル、アフガニスタン、アイルランドだけになった。中立国は、停戦交渉の際に重要な役割を果たす。その数が減ったことで日本の講和を求める外交が難しくなった。特にアルゼンチンは日本の利益の代弁をする役割を長く演じてくれてきただけに、その態度の変更は日本には痛手であった。

注

＊1：『ルーズベルトの死の秘密』一六頁。
＊2：同右、一九頁。
＊3：同右、一七〜一八頁。
＊4：Townsend Hoopes & Douglas Brinkley, FDR and the Creation of the U. N.
＊5：『裏切られた自由（下）』二〇頁。
＊6：Richard Doody, Chronology of World War 2 Diplomacy 1939–1945

第九節　サンフランシスコ会議とヤルタ密約

ＦＤＲは四月一二日に、世界の長《おさ》（国際連合のトップ）に就く夢を果たすことなく世を去った。即日副大統領から大統領に上がったトルーマンは、サンフランシスコ会議を予定通り開催すると決めた。四月二五日、世界から四人の警察官（米英ソ中）の他四六カ国二八二人の代表がサンフランシスコにやって来た。[*1] 国際連合憲章制定のために集まったのである。事務局長はアルジャー・ヒスが務めた。

参加国の中に、アルゼンチンがあった。招待国の定義から言えば、アルゼンチンの宣戦布告は三月末であったから招待されないはずであった。ヤルタ会談が終了すると、ステティニアス国務長官は直接メキシコシティ郊外の町チャプルテペックに向かい、集まっていた中南米諸国代表に国際連合構想を説明した。その席で、参加国はアルゼンチンをオリジナルメンバーにするよう強く要請したのである。

また、ソビエト連邦構成国に過ぎない白ロシア（ベラルーシ）とウクライナの代表の姿もあった。

先にダンバートンオークス会議でグロムイコ駐米大使がソビエト連邦構成国一六カ国全てを独立のメンバー国とするよう強く要求したことを書いた。この条件はFDRには絶対に飲めないものだった。ソビエトがこの主張を引っ込めない限り、国際連合構想は潰れても仕方がないとまで覚悟した。チャーチルは、いまだ独立を果たしていないインドをメンバー国にすることを決めていただけに、ソビエトの主張に強くは反対できなかったが、アメリカは、ソビエトの個々の構成国は主権国家ではないとして、断固拒否の姿勢であった。サンフランシスコに白ロシアとウクライナが招待されたのは、この問題にヒスがヤルタで着地点を見出したからだった。何としてでも落としどころを見つけるようにとの指示がFDRから出ていたことは、想像に難くない。この案件で交渉が紛糾したのは、二月八日の午前中の実務者（外相級）会談の場であった。この議事録の確認役はアルジャー・ヒスであった。この時の模様をヒスは次のように証言している。

「議事録が上がると、いつも通り内容の確認作業を始めた。驚いたことに、白ロシアとウクライナがオリジナルメンバーとして参加することが同意されたと書かれていた。私（ヒス）は急いでイーデン外相に、『この部分は誤りです。合意はできていません』

と伝えた。イーデンは、いつもの態度とは違い、怒ったように、『エド（ステティニアス）に聞いてくれ』と答えた」

「私はステティニアス国務長官のもとに走り、このことを伝えると、彼は両手を挙げて、『朝の会議では多くの重要な案件に合意を見たのだよ』と応じたのである。国務長官は、すでにこのことを大統領に報告していた。『大統領、（今朝の）会議は最高にうまくいきました。何もかも合意ができました』」[*2]

このヒスの証言は怪しい。記録者が、重要な案件であり出席者の間でヒートアップしていたはずの議論の結末を間違えることは考えられない。イーデンやステティニアスの言ったとされる言葉も本当なのか疑われる。議事録の書き換えの指示がどこかで出ていたか、あるいはヒス自身が書き換えたと推測した方が合理的である。

スターリンがＦＤＲのところに、表敬訪問にやって来たのは、ＦＤＲとステティニアス国務長官が午前の外相会議の結果を検討しているときだった。午前の外相会議で合意が出来た、とＦＤＲが述べると、スターリンは、「ソビエト共和国の二国の参加の案件ですか」と応じた。[*3]彼は、午前の会議がそのような結論になることを予《あらかじ》め知っていたかのような口ぶりであった。
スターリンは、ダンバートンオークス会議ではグロムイコに一六共和国すべてをメンバーにするよう要求させていたが、それが通らないことは十分に承知だった。二カ国をメンバーに出来たことは外交的成果だった。FDRは、おそらく冗談であったと思うが、「我が国のハワイとアラスカをメンバーにするのはどうか」とスターリンに聞いている。彼の答えは、「もちろんOKだ」であった。[*4] 合衆国憲法上、州が国家主権を持った外交などできないことはわかりきった上でのスターリンの回答であった。
ワシントン議会で追及されることは明らかであるにもかかわらず、FDRは何故ソビエト連邦の構成国二カ国を国際連合の独立メンバーとすることに同意したのだろうか。その理由は、この日の二人のインフォーマルな会談にあった。二人は、チャーチルのいない場で、極東方面の戦いについて話し合っていたのである。午後四時からの会議が一五分遅れで始まったのは、そのせいであった。[*5]
スターリンは、国際連合設立の障害になっている事案、つまりダンバートンオークス会議からの引継ぎ案件を、FDRが極東への戦いの参加を求める時期に、合わせて妥協させるよう、タイミングを計っていたのであった。

ＦＤＲは対日戦争にソビエトを参加させたかった。白ロシアとウクライナを参加メンバーに認めることは、この日に始まる会議でソビエトの協力を得るための撒《ま》き餌《え》であった。[*6]ダンバートンオークス会議で一六カ国をメンバーにするようグロムイコに主張させたのは、

サンフランシスコ会議

ハードルを高くしてヤルタでは大きく妥協したように見せる交渉のテクニックであった。ヤルタ会談でソビエトの協力は確実なものになった。こうしてサンフランシスコ会議は無事終了し、国連憲章が調印された（六月二六日）。この日調印した五〇カ国に、後日ポーランドが加わり計五一カ国がチャーターメンバー国となった。

ヤルタにおける密約は多岐にわたるので、すべてを書き出すことはできない。読者の関心の高い日本にかかわる部分（極東密約）と、本書のテーマとかかわるドイツ占領政策の密約については以下の通りである。一層の詳細については『裏切られた自由（下）』（第15編その五：ヤルタ会談）を参照されたい。[*7]

日本に関わる極東密約

「米英ソ三国首脳は、ドイツ降伏の二カ月ないしは三カ月後にソビエトが対日戦争に連合国の側に立って参戦することで合意した。ソビエト参戦の条件は以下である。

一　外モンゴル（モンゴル人民共和国）の現状維持

二　一九〇四年の日本の攻撃によって失われたロシアの利権の回復

　A　南サハリンおよびその周辺の諸島のソビエトへの返還

　B　大連港の国際港化、同港におけるソビエトの利権の恒久的保護、ソビエトの軍港として利用することを前提にした旅順口の再租借

　C　東清鉄道および南満州鉄道から大連への路線は、ソビエト・中国共同の会社によって運営される。これに伴うソビエトの利権は保障される一方、満州の主権は中国に属するものとする。

三　千島列島（The Kuril Islands）はソビエトに割譲（shall be handed over）されるものとする。

右記の、外モンゴル、港湾と鉄道に関わる合意については、蔣介石総統の同意

(concurrence) を条件とする。大統領は、スターリンの助言を受けながら、蔣介石の同意を取りつける努力をする。

ソビエトの要求事項は、日本の敗戦後には確実に履行される (unquestionably fulfilled) ことで合意した。一方ソビエトは、中国政府と友好条約および軍事同盟を結び、中国の日本からの解放の戦いに軍事力を提供する準備ができていることをここに表明する」

ドイツ占領政策に関わる密約

「フランス占領地域および管理委員会

フランス軍の占領する地域はフランスが管理する。フランスの管理地域は、英国およびアメリカの管理地域から与えられるものとする。その範囲については、米英政府がフランス政府との交渉を通じて決定する。

また、フランスを連合国ドイツ管理委員会 (The Allied Control Council for Germany) のメンバー国に招請することで合意した」

「議定書

ドイツの賠償（賠償に準じる行為を含む）案件について三首脳はクリミアにおいて協議した。

三首脳は下記のとおり合意した。

一、ドイツは賠償金あるいはそれに準じたやり方で、戦時期連合国に与えた損害を賠償しなくてはならない。賠償金は、第一に、今次戦争を主として戦った国、甚大な損害を被りながらも勝利に貢献した国になされる。

二、賠償金やそれに準ずる価値を有する資産は、左記のような方式によってドイツから引き出されるものとする。

（A）ドイツの降伏ないし組織的抵抗が終了した時点から二年の期限で、ドイツ領土内外に存在する国家財産（設備、工作機械、船舶、鉄道車両、外国投資資産、ドイツ国内の工業・運輸産業の株式）を賠償に充てる。この措置の主たる狙いはドイツの戦力を削ぐことにある。

（B）生産物に課せられる年間の賠償の期間については後日決定する。

（C）ドイツ人労働力を賠償に充てる。

三、右記に定められた詳細計画の原則に則ってドイツに課す正確な賠償額を算定するため、連合国はモスクワに連合国賠償委員会を設置する。委員会は三人の委員からなり、ソビエト社会主義連邦、大英帝国およびアメリカ合衆国から各一名の委員を選出する。

四、賠償総額とドイツの侵攻によって被害を受けた国別の配分額については、ソビエトおよびアメリカの代表により以下のように決定した。

『モスクワに設置される賠償委員会は、ソビエト政府の提案すなわち第二項の（A）（B）に相当する額は二〇〇億ドルとし、うち半分はソビエト社会主義連邦の賠償に充てられるべきであるとの意見を、検討のベースとする』

右記の決定について、イギリス代表は、意見表明をモスクワの委員会での検討時点までペンディングとすることを求めたため、同代表からは具体的な賠償額の提示はなかった。前記の米ソ代表の決定はモスクワの賠償委員会に提示され、検討の際に考慮されることになる[*8]」

注

＊1：FDR and the Creation of the U. N.

＊2、4：The Founding of the United Nations, p16.
＊3：*Yalta*, p92.
＊5：同右、p193.
＊6：同右、p192.
＊7：『裏切られた自由（下）』四九〜五〇頁。
＊8：同右、三四〜三六頁。

第4章　露見したスパイ網

国際連合設立の調印文書保管箱（パラシュート付き）とヒス

前章で書いたように、ＦＤＲの夢であった国際連合はサンフランシスコ会議で設立が決まった。会議を事務局長として仕切ったのはアルジャー・ヒスであった。ヒスは調印文書をワシントンに持ち帰った。その文書を収めた箱には万一に備えてパラシュートが付けられていた。右の写真は、そのパラシュート付きの保管箱と後ろに立つアルジャー・ヒスである。ヒスがサンフランシスコ会議で果たした役割を象徴している。

もう一人のスパイ、ホワイトもサンフランシスコでＫＧＢの諜報員ウラジミール・プラウディン（Vladimir Pravdin）と会い、アメリカ側の交渉方針を伝えていた。

「トルーマンとステティニアスは、いかなる犠牲を払っても会議を成功させたい考えだ」[*1]

この時点ではモーゲンソーは辞任していないだけに、ホワイトはまだ内部情報を取れる立場にいた。要するに、サンフランシスコのソビエト代表団は、アメリカに強い要求をしても大体のことは通るのはお見通しだったのである。

何もかも要求を通した上での国際連合の設立は、張り巡らせたスパイ網をフルに活用したソビエト外交成功の証だった。その上、ホワイトはソビエトの戦後（対日戦争終了後）復興に巨額の対ソビエト借款をアレンジしていた。[*2]

思うがままに進んでいたソビエト外交であったが、サンフランシスコ会議の成功がそのピークとなった。しばらくして、張り巡らされたスパイ網が露見するのである。それに同期するように、隠されていたヤルタ会談での密約の全貌が明らかになっていった。

注
＊1、2：*Spies*, p260.

第一節　イーゴル・グゼンコの亡命

ウィリアム・マッケンジー・キング（一八七四〜一九五〇年）は三期にわたってカナダ首相を務め、リベラル国際主義に立つ自由党のリーダーであった。特に第三期は一九三五年一〇月から四八年一一月までの長期政権だった。彼は、若い時期、カナダ連邦政府職員として西海岸の港町バンクーバーで発生した、白人による日本人街襲撃事件（一九〇七年九月七日夜）を調査した経験があった。連邦政府は、彼の調査結果をもとに被害者に補償する一方で、日本政府にカナダへの移民を抑制させることに成功した。[＊1]

キングは調査の過程でアジア人嫌い（特に日本人）になっていった。真珠湾攻撃を受けて、FDRはアメリカ西海岸に住む日本人移民を強制収容し、内陸の砂漠地帯に押し込めたが、キングはその政策に追随し、バンクーバー周辺の日本人移民を内陸部に強制的に移している。

第二次世界大戦では、カナダは大英連邦の一員としてチャーチルの良きパートナーであった。そのことはFDRとチャーチルとの首脳会談が三度カナダで行われていることからも明らかである。二人は、カナダのニューファンドランド沖で大西洋憲章を協議し（一九四一年八月）、また二度にわたってケベックで会っている（第一回：一九四三年八月、第二回：一九四四年九月）。キングは、ケベック会談に立ち会い、二人の進める世界戦争の良き理解者であった。キングはハーバード大学で学んでおり、FDRの同窓であることが自慢だった。FDR入学時（一九〇〇年）には既に卒業していたので、当時は面識はなかったが、学友であるかのように振る舞った。

カナダ首相ウィリアム・マッケンジー・キング（1874–1950）

さて、キング首相が慌ててワシントンに向かいトルーマン大統領との会談に臨んだのは一九四五年九月末のことである。九月初め、米英カナダ三国を巻き込む大掛かりなスパイ組織の存在が発覚していた。カナダで発生した事件であったが、カナダ政府関係者だけでなく、アメリカ政府高官や核兵器開発に関わる科学者も、スパイとして名が挙げられていた。原爆開発情報も盗まれている可能性があり、連合国外交の根幹を揺るがしかねなかった。

キングは、この問題の処理に当たっては米英両国との連携が必要と考えた。トルーマン大統領との協議に続いて急ぎロンドンに向かい、クレメント・アトリー英首相とも打ち合わせている。閣僚にも知らせず、官僚に任せず自らワシントンとロンドンに赴いたことは、キングが受けた衝撃の大きさを物語っていた。キングを慌てさせた事件の概要は次のようなものであった。

オタワにあるソビエト大使館職員イーゴル・グゼンコ（Igor Gouzenko）には身重の妻と二歳の長男がいた。グゼンコは、同大使館付ソビエト陸軍武官ニコライ・ザボーチン配下の暗号担当要員であった。一九四五年九月五日夜、勤務を終えたグゼンコは、自宅アパートには帰らず、オタワの新聞社「オタワジャーナル」の建物に向かった。亡命を決意し、同新聞社に保護してもらえることを期待したのである。政府関係機関に向かわなかったのは、当時のソビエトは連合国の重要メンバーでありいわば同盟国であったから、逆に警戒したためと考えられる。新聞社に到着したのは午後九時頃であった。編集人のいるオフィスフロアまでくると恐怖で足がすくんだ。意を決して編集人との面会を果たしたものの、あまりの緊張で編集人の質問にまともに答えられなかった。

彼の英語も拙かった。"It's war. It's war. It's Russia."と喚くようにまくしたてるだけで、編集人も局員もその意味を理解できなかった。[*2] 見かねた局員の一人が近くのビルディングにあるカナダ連邦警察（RCMP）に行くよう勧めた。ところが、グゼンコは何故かRCMPには駆け込まずに、同じビルに入っていた司法省の夜警職員に司法大臣との面会を求めたのである。職員は、翌朝もう一度来るように諭した。この夜の面会を諦めたグゼンコは、妻と子供の待つアパートに帰った。[*3]

亡命大使館員イーゴル・グゼンコ（1919–82）

翌朝、グゼンコは再び司法省に向かった。この日は身重の妻と長男アンドレイも一緒だった。彼はルイ・サンローラン司法相との面会を求め二時間ねばった。それが叶わないことがわかったグゼンコ一家は、再び「オタワジャーナル」紙のオフィスに向かった。この日はグゼンコの訴えを編集人は理解したようだったが、「同盟国」ソビエトとの関係を悪化させる記事は書けないだろうと考えた。そこでRCMPにある帰化申請局を訪ねるようアドバイスした。グゼンコは同局に向かい身柄の保護を訴えたが、認められなかった。[*4]

ぐずり始めたアンドレイを連れアパートに帰ったグゼンコ夫婦は、子どもを隣人に預けた。二人は路面電車に乗り、今度はカナダ検察庁に向かった。応対に出たフェルナンド・クールソン書記官に事情を説明した。クールソンが、複数の関係部署にコンタクトした結果、RCMP情報部副部長ジョン・レオポルドが話を聞くことになった。しかし聴取は翌朝ということになった。

二人は預けたアンドレイを引き取りアパートに帰ったが、グゼンコが怪しい動きをしていることにソビエト大使館は気づいているはずであった。警戒して息をひそめていると、大使館の車がやって来た。グゼンコ一家は、バルコニーを伝い隣家に救いを求めた。この日の深夜、大使館員はアパートに侵入し、持ち出された書類を探して室内を荒らした。大使館員は、通報を受けてやって来た警官（オタワ市警）と一悶着起こしたが、最後は諦めて帰っていった。夜が明けた九月七日、グゼンコ一家はRCMPに保護された。[*5]

九月五日から七日までのグゼンコ亡命劇は、この時代の「空気」をよく表している。戦後日本でもソビエトからの亡命者があった。一九七六年九月、ミグ25に搭乗したヴィクトル・ベレンコが函館空港に着陸した。彼にはアメリカへの亡命が直ぐに認められた。この頃の日本はすでに冷戦の渦中にあり、ソビエトは敵国であることがはっきりしていた。しかし一九四五年のカナダとソビエトは連合国の一員であり「友好国」であった。ソビエトが常任理事国となる国際連合の設立も決まったばかりだった。そんな時期に起きたソビエト大使館からの亡命者の扱いに、カナダ政府関係者あるいは「オタワジャーナル」紙が困惑したのは当然であった。

しかし、カナダ検察庁の下級官僚の気の利いた対応で、グゼンコはRCMPの保護下に入ることが出来た。この後、彼のもたらす情報が、カナダだけでなく米英両国の政権中枢を震撼させることになる。この事件で「冷戦」の幕が開いた（ロシア政治史家アミー・ナイト）のである。

注

＊1：この事件の詳細は拙著『日米衝突の萌芽』（草思社、二〇一三年）第四章参照。
＊2：Amy Knight, *How the Cold War Began*, M&S, 2005, p33.
＊3、4：同右、p34.
＊5：同右、p35.

第二節　米英カナダ三首脳の困惑

グゼンコ一家が保護されたのは九月七日だったが、キング首相にはこの事件の発生は六日の時点で密《ひそ》かに報告されていた。面倒なことが起こることを予感したキングの心は沈んだ。事件を首相に知らせたノーマン・ロバートソン外務次官とその補佐官ヒューム・ロングは、頭に爆弾が落ちた感覚であったと語っている。[*1]

グゼンコは、カナダ政府高官、核開発技術者、さらにはステティニアス国務長官周辺にソビエトスパイがいると告白していた。核兵器開発（マンハッタン計画）は米英両国が共同で進めてきた極秘プロジェクトだったが、カナダも大英連邦の一員として深く関与していた。この事件がカナダの国内問題として処理できないことは明らかだった。ＲＣＭＰはスパイの扱いに不慣れであり、またアメリカ高官にもスパイ疑惑があることから、ＦＢＩに協力を要請した。九月八日には早くもＦＢＩ担当官がオタワに現われた。英国がニューヨークに送りこんでいたＭＩ６（英国情報局秘密情報部）のウィリアム・スチーブンソンも同行していた。[*2] スチーブンソンは後に００７のモデルではないかとされた大物諜報部員だった。

九月一〇日、ソビエトのザルビン駐カナダ大使がグゼンコの身柄返還を求めたが、カナダ政府はそれを拒んでいる。ソビエトは、すでに英国MI6に潜り込ませていたスパイ（キム・フィルビー）を通じて、グゼンコがRCMPの保護下にあることを知っていた。[*3]

エドガー・フーバーFBI長官はグゼンコ事件に強い関心を寄せた。彼にはFBIの存在感を高めたいという野心があっただけに、絶好の機会と考えた。フーバー長官は、ヴェノナ関係者から連邦政府中枢にスパイがいることを知らされていた。ステティニアス国務長官側近にスパイがいることがわかっており、その人物はアルジャー・ヒスではないかと当りをつけていた。彼はアルジャー・ヒスがスパイであると警告したウィッテカー・チェンバース調書を、保存されたファイルの中から見つけていた。[*4]

九月三〇日早朝、トルーマン大統領はディーン・アチソン国務次官からグゼンコ亡命事件のブリーフィングを受けた。この日朝、オタワから急遽《きゅうきょ》駆け付けたキング首相との協議が予定されていたのである。暫《しばら》くしてやって来たキング首相は、トルーマンがブリーフィングを受けているとは思っていなかった。RCMPとFBIの情報共有を知らなかったからである。トルーマンは深刻な表情でキングの説明を聞いた。同席していたアチソンが、ステティニアス国務長官側近のスパイの特定はできているかと尋ねると、キングはRCMPの調査報告書以上のことはわからない（特定できていない）と答えている。キングはトルーマンとの協議を終えると、あたふたとアトリー英首相との協議のためにロンドンに旅立っていった。

一〇月七日、アチソンはフーバー長官に国務省高官スパイの特定作業の進捗《しんちょく》状況を聞いている。フーバーはこの時初めて、まだ直接的な証拠はつかめていないが、アルジャー・ヒスがその人物である可能性が高いことを明かした。

アチソンには大きな衝撃だった。ヒスとアチソンは親友であり、かつリベラル国際主義を信奉する同志でもあった。ヒスはサンフランシスコ会議を見事に成功させたばかりで、国務省のスター的存在だった。その上、ヒスの弟ドナルドは、数年前にはアチソンの直属の部下であった（後にドナルドもスパイであったことがわかっている）。もし本当にヒスがスパイであれば、国務省にとって大失態となるだけでなく、アチソン自身にも傷がつく。[*5]

キング首相がアトリー首相とロンドンで協議したのは一〇月一一日のことである。ここでの話題の中心は、物理学者アラン・ナン・メイの扱いであった。ナン・メイは、英国原爆開発プロジェクト（チューブ・アロイズ）に参画しており、ウラン濃縮技術を扱っていた。そのナン・メイがオタワ近郊（Chalk River）に建設された核反応施設で働いていた時期に、核開発情報やウラン同位体（U−233、U−235）などのサンプルを少量ながらソビエトに提供していたとグゼンコは告白していた。ナン・メイはこの時期すでにカナダ勤務を終え、ロンドンに戻っていたため、その処置についてアトリーとキングは協議しなくてはならなかった。

この日の協議では、ナン・メイの逮捕を決断したアトリーだったが、翌日には考えを変えた。何らかのプレッシャーがワシントンからあったのかもしれない。国務省内だけでなく、極秘で進めていたはずの核開発プロジェクトチームにもソビエトスパイがいたということでは、アメリカの国内世論やワシントン議会への体裁が悪すぎた。グゼンコの亡命で発覚したスパイ容疑者への対処（措置）は、一一月一四日に予定されたワシントンでの三国首脳会談まで持ち越された。[*6]

首脳会談では次の二点が決まった。

1　グゼンコ証言で明らかになったスパイ容疑者の逮捕は三国が並行的に行い、一一月二六日の週に執行する。

2　ソビエト大使館に抗議の上、駐在武官の退去を求める。

三国首脳は、この時点では、容疑者の逮捕によって政権までも揺るがしかねないスキャンダルに発展してもやむなしと覚悟した。

注

＊1：*How the Cold War Began*, p36.
＊2：同右、p39.
＊3：同右、p47.
＊4：同右、p51.
＊5：同右、p75.
＊6：同右、p81.

第三節　ホワイト囲い込み作戦

一九四四年から四五年にかけてのソビエト外交は順風満帆であった。ソビエトにとって最も危険な国ドイツにはモーゲンソープランが準備され、農業国化が決定した。戦後復興の金融面の枠組みとしてIMFと世界銀行が設立され、アメリカからのソビエト復興のための大型借款も確実であった。これらはハリー・ホワイトの活躍の成果だった。

さらに国際連合設立では、ソビエトの立場を十分に有利にする条件をアルジャー・ヒスが整えた。遅れている核兵器開発も、マンハッタン計画あるいはチューブ・アロイズ計画に忍ばせた物理学者スパイが、機密情報を遅滞なく寄せていた。このころのソビエトスパイ網は芸術的完成をみせていた。

それが思わぬところから綻びをみせた。もちろん前節までに書いたグゼンコの亡命がそのきっかけであったが、前兆は亡命事件の前からあった。

第二章の初めに財務省内に張りめぐらされたスパイ組織について書いた。この組織は、中心人物であるグレゴリー・シルバーマスターの名をとって、シルバーマスターグループと呼ばれていた。財務省内のスパイからの情報は、シルバーマスターがとりまとめエリザベス・ベントリーに届けられる。彼女からの情報はNKVD諜報統括のイスハク・アフメーロフが受け、モスクワに送られた。このルートでの情報収集はスムースに行われていたが、ホワイトのもたらす情報があまりに高度でかつ有益であるだけに、NKVDはルートの短縮を考えた。ホワイトとNKVD諜報員との直接コンタクトが必要だと判断したのである。

ホワイトは、スパイとは言ってもNKVDが訓練して配置したプロパーの人物ではなかった。共産党員でもなく、容共思想と強い反独感情を持った「ボランティアスパイ」だった。そのこともあり、指示されることが嫌いだった。それだけにNKVDはホワイトのコントロールに不安があった。重要な情報源であるだけに、失ってはならない人材だった。だから、諜報員と直接コンタクトさせることでその不安を解消しようとした。

一九四五年八月四、五日にニューヨークからモスクワに送られた文書が残っている（ヴェノナ文書[*1]）。その内容からホワイトがどれほど重要視されていたか知ることができる。ホワイトとの直接コンタクトが出来たNKVD諜報員からの報告である。そこに示された彼への質問を以下に箇条書きにしたが、全て高度な政治判断が関わるもので、米国外交の方向を先取りするための重要情報であった。

1　米国による対ソ金融支援の動向
2　ドイツ占領政策

3　対英武器貸与法の実施状況
4　バルト諸国併合についての米国の考え
5　フィンランド・ロシア国境画定に関わる米国の考え
6　(個別外交案件についての)ハル国務長官の考え[*2]

NKVDはこのころには金銭的供与も始めている。ホワイトは決して失ってはならない財産であるだけに、金銭で囲い込むと決めた。それを示す二つのエピソードがある。

一九四四年のクリスマスも近い冬の日、ワシントンDCの北東部に住む大工の家の前に、黒塗りの大型セダンが止まった。外交官車両プレートを付けた車から出てきた男はずっしり重い箱を持って玄関までやって来た。その箱には、「(天地無用取り扱い注意)ハリー・D・ホワイト様」と書かれていた。訝しく思いながらもその箱を受け取った大工が中身を確認すると、四本の高級酒と五箱のロシア製煙草が入っていた。「在アメリカ・ソビエト政府買い付け担当部からのクリスマスのお祝いです」と書かれたカードも添えられていた。

受け取った大工の名は確かに「Harry D. White」だったが、ミドルネームのDはDe-Nealであった。大工のホワイトが「Harry D. White」宛ての贈答品を受けるのはこれが初めてではなかった。家の前に現われた黒塗り高級セダンを見て、そのままにしておけない気分になった大工のホワイトは財務省に「Harry D. White」がいることを知って、電話でコンタクトした。カードメッセージを読みギフトの中身を知らせると、彼が本当の受取人であることが確認できた。教えられた住所に転送すると約束すると、「手元のギフト半分は差し上げます」と言う本物のホワイトの声が聞こえた。[＊3]

ＮＫＶＤが娘の教育費に充てるようホワイトに二〇〇〇ドル（現在価値でおよそ二万五〇〇〇ドル）を振り込んでいたこともヴェノナ文書で明らかになっている。但し、これはシルバーマスターが個人的に着服し、ホワイトの手には渡っていない。[＊4]

注

＊1、2：The Archival Evidence on Harry Dexter White

＊3：*The Summit*, pp151–152.

＊4：同右、p157.

第四節　エリザベス・ベントリーの自首

ＮＫＶＤはホワイトのスパイとしての価値が高いことを十分に認識していた。だからこそ、その情報伝達を扱うシルバーマスターやエリザベス・ベントリーに不安を覚えた。特にシルバーマスターは、スパイ仲間と気軽に集まりその活動をあけすけに語り合うことがあった。[*1]

ＮＫＶＤはホワイトとの直接接触に切りかえることを決めた。一九四四年一二月、ＮＫＶＤワシントン支局長アナトリー・グロモフはベントリーに密かに会い、次のように伝えた。

「我々は、ゴロスが指揮していたすべての連絡要員をどうするかについて決定した。これ以後あなたには彼らを指揮させない。今の体制は穴だらけで危険すぎる。残念ながら、ゴロスはあまり慎重な男ではなかった。あなたはその彼との関係から、組織を危険にさらす可能性がある（後略）」[*2]

ＮＫＶＤがこの時期慎重になった理由は理解できなくもない。すでに対独日戦争での優勢ははっきりしており、米国内におけるドイツや日本の諜報活動監視の重要性は低下していた。ＦＢＩは余裕のできた人的資源を、ソビエトの活動への監視にまわしてくることが予想された。ＮＫＶＤの動きはそれを先取りしたものだった。

しかし、これが逆効果となった。ベントリーは愛人ゴロスを失って以来、強い喪失感に悩まされていた。そんな中で、ＮＫＶＤは彼女の役割を取り上げると決めた。一九四五年夏ごろになると、彼女はＦＢＩに追われる妄想に悩まされた。「実際にはベントリーに対する捜査は行われていなかったのだが、このままではスパイとして逮捕されてしまうという恐怖と絶望感」[*3]に襲われたのである。

ベントリーが自らＦＢＩへの出頭を決めたのはこの年の八月初めのことであった。彼女は、ゴロスの死後、ソビエトが作っていたフロント企業アメリカ郵船会社副社長の地位を与えられていた。夏の休暇をとったベントリーは、コネチカット州の海のリゾート地オールドライムに向かった。彼女は、この町から車で一時間ほどの距離にあるニューヘブンのＦＢＩ支局に向かった。監視を恐れながらの移動だった。応対にでたＦＢＩ係官エドワード・コーディに、自身がアメリカ郵船会社の副社長であり、同社はソビエト秘密情報部のフロント組織であると明かした。コーディは、彼女の告白をそれほど重要視しなかったが、管轄のニューヨーク支局には情報ソースとしての価値があるかもしれないと報告した。[*4]

ＦＢＩは一〇月半ばに彼女を再聴取したが、信用するに至らず、サイコパスではないかと疑った。同局が三度目の聴取を実施したのは一一月七日のことである。この日は、ベントリーは覚悟を決めたかのようにスパイの名を具体的に挙げた。ＦＢＩは初めて彼女の告白の深刻さに気付いた。その内容を至急ワシントン本局に知らせている。[*5]

報告はフーバー長官にまで届けられた。長官はグゼンコ亡命事件との共通性をみてとり、さらなる情報収集を指示した。ベントリーへの事情聴取は二週間以上に渡って続けられ一一月三〇日にようやく終わった。彼女が署名した調書は一〇八ページにもなっていた。[*6]アルジャー・ヒスとハリー・ホワイトがスパイであることはほぼ確実であった。ＦＢＩは司法省の許可を得て二人の監視を始めた。このことは英国諜報部にも知らされた。この情報は、キム・フィルビー（ＭＩ６）からすぐにモスクワに伝えられた。ＮＫＶＤは北米の組織の動きをただちに停止させた。[*7]

一一月二七日、アチソン国務次官は、グゼンコ事件にかかわっているカナダ人容疑者の逮捕を了解するとレスター・ピアソン駐米大使に伝えた。ところが、キング首相は動かなかった。彼はカナダ人容疑者を逮捕ではなく、司法省による聞き取りだけで済ませ、逮捕するのはＦＢＩの捜査を待ってからにすると決めた。キングはソビエトを刺激したくなかったのである。

キングは克明な日記をつけていた。したがってこの頃キングが何を考えていたか、誰と協議していたかなどは、そこにヒントが書かれているはずだった。彼の日記は後に政府所有物となったが、一九四五年一一月及び一二月の記述が紛失している。ＣＳＩＳ（カナダ安全情報局）はソビエトスパイによる盗難を疑っているが、確証はない。[*8]

注

＊１：The Trial of Harry Dexter White, p7.
＊２：『ヴェノナ』一八六頁。
＊３：同右、一八七頁。
＊４：http://spartacus-educational.com/USAbentleyE.htm
＊５：*How the Cold War Began*, p88.
＊６：*Spies*, p519.

＊７：*How the Cold War Began*, p93.
＊８：Jim Bronskill, "CSIS suspected Soviet spies of stealing Mackenzie King's diary", The Canadian Press, May 7, 2017

第五節　トルーマンのジレンマ

フーバー長官は、ベントリー調書及びカナダＲＣＭＰから寄せられた情報でホワイトとヒスがスパイであるとの確信を持ったが、彼らの地位は余りに高かった。逮捕には公判に堪え得るだけの十分な証拠が必要なだけに、今後の捜査の進捗を待たなくてはならなかった。ＦＢＩは、捜査の概況を大統領付軍事顧問（Military aide）であるハリー・ヴォーハン将軍には報告していた。しかしトルーマンにはそれが伝わっていなかったようだ。[＊1]フーバーがトルーマンに政府高官スパイ疑惑をはっきりと伝えたのは、一九四六年二月四日のことであった。[＊2]トルーマンがハリー・ホワイトをＩＭＦ理事に任命し、その議会承認を求めていた時期である。

「（ホワイトへの疑惑を聞いた）トルーマンは、ただちに上院にコンタクトし、ホワイト指名承認作業を止められるか確認した。しかしその日午後に承認され、決定は覆せないと知らされた。トルーマンはジレンマに陥った。フーバー長官は、ホワイトを政府高官のポジションから外すべきだとの意見であった。一方で、この時期に彼を排除することは厄介な政治問題となる。（大統領の意を受けた）トム・クラーク司法長官はホワイト人事はそのままにし、スパイ疑惑のない安全な人物を彼の周辺に配置することに決めた[*3]」

要するにトルーマン政権は何事もなかったかのように振る舞うことに決めたのである。二月四日にフーバー長官が大統領に警告したのには、理由があった。この前日、ジャーナリストのドリュー・ピアソンが自身のラジオ番組で、オタワで発生したグゼンコ亡命事件を報じたのである。ピアソンの番組は、グゼンコの告白で、カナダ政府だけでなく米国政府内にも大掛かりなソビエトのスパイ組織が存在していることが判明したことを明らかにしていた[*4]。フーバーは、これによって米国連邦政府高官のスパイ疑惑をもはや隠せないと判断したのである。

事態はフーバーの予想通りとなった。ソビエトの反発を恐れていたキング首相も、ピアソンの報道で動かざるを得なくなった。二月一五日、カナダ連邦警察RCMPはグゼンコの告発で名が明かされたスパイ容疑者一一人を拘束したのである。この翌日ピアソンはトルーマン政権の鈍い対応を強く批難する記事を寄稿した。記事は彼がシンジケート契約する全国の新聞に掲載された。

「カナダ政府に拘束されているソビエトスパイ（グゼンコ）は、およそ一七〇〇人のソビエトのエージェントがカナダだけでなく我が国でも活動していると告白した。彼はそうした人物の名を挙げ、彼らにお金が渡っていることを示す写真（マイクロフィルム）も持っていた」[*5]、「司法省（注：FBIを指す）は、容疑者を逮捕したいと考えているが、ホワイトハウスと国務省がそれに反対している」と批難した。[*6]

注

＊1、3：*The Summit*, p341.
＊2：*How the Cold War Began*, p108.

＊4：同右、p104.
＊5：同右、p319.
＊6：同右、pp107–108.

第5章　ルーズベルト・トルーマン体制の破綻

読者は前章までの記述で、戦後の世界システムの設計はソビエトスパイによってなされたことを理解されたはずである。

現代人には想像しがたいが、一九二九年以降の知識人の多くが共産主義思想に憧れた。FDR政権の進めたニューディール政策は、そうした思想に「かぶれた」若手経済学者や法律家（ブレイントラスト）が、少しでも自国の体制をソビエト型に近づけようとしたものであった。

アメリカ外交にはもう一つ重要な要素が絡んでいた。それはユダヤ人政府高官の強烈なドイツへの復讐心であった。先に書いたように、FDR政権の外交は、コーデル・ハル長官の国務省ではなく、モーゲンソー長官の財務省に仕切られる場面が頻繁であった。対日最後通牒であるハルノートの原案はハリー・ホワイトが書き、ドイツ農業国化政策（モーゲンソープラン）は、モーゲンソーとホワイトが立案した。本章では、彼らが作り上げたドイツの戦後処理がどれほど過酷であったか、そして彼らの政策の間違いを是正するのにどれほどの犠牲が必要であったかを詳述する。

第一節　占領地を襲った「通貨という武器」

ハリー・ホワイトという人物を理解する上で忘れてならないのは、強烈なドイツ人憎しの感情である。ドイツ国家の物理的破壊はソビエト赤軍に任せたが、彼はドイツを二度と一人前の国家として立ち上がれないようにするシステムを考案した。それがモーゲンソープランであった。しかしホワイトの「復讐」はそれだけでは終わっていなかった。荒廃したドイツから更なる経済的収奪と破壊を目論んだ。

ホワイト、モーゲンソーのコンビが進めたドイツ占領政策については、ハーバート・フーバー元大統領の書『裏切られた自由』が詳しい。彼は以下のような二四項目の方針が決まったと書いている。

1　国土分割。
2　残った占領地域の連合四カ国による分割管理（ロシア、英国、フランス、アメリカ）。

3 非武装化と参謀士官の廃止。
4 軍人政治家に対する裁判の実施、それに基づいた絞首刑あるいは長期刑。
5 軍需品工場の排除あるいは破壊。
6 民需品工場の連合国による分割と取得。
7 工業力の削減（農業国レベルまで落とす）。
8 〔判読不能〕
9 教育制度改革によるナチズムの払拭、ナチス党メンバーの一般労働者化。
10 賠償委員会の設置（モスクワ）。
11 連合国管理理事会の設置（ベルリン）。
12 賠償総額は二〇〇億ドル（半分はロシア）。
13 原料や資材および貴金属は一括して連合国による分割。
14 ドイツ人捕虜は、当該国の復興の労働力として使用。
15 ナチス幹部は公職追放。
16 司法制度改革。
17 民主主義制度に則った地方政府の復活。

18　民主主義的政党の創設および公での自由な議論の推進。

19　工業生産、農業、賃金、価格、配給、貨幣、銀行制度、課税の仕組みは、ドイツ国内に統一的に適用。

20　運輸、石炭生産、農業生産の復旧、住宅修繕および生活必需公共財の復旧。

21　海軍委員会の設置により、ドイツ軍船民間船の三国分配。潜水艦の爆沈。

22　当面の間、中央政府設置不承認。ただし、必要最小限の中央管理を認める。その長は管理理事会の指導下に置く。

23　労働組合結成容認。ただし軍事安全保障を優先する。

24　連合国の管理のもとに言論、結社、報道の自由を認める。[*1]

これに加えてＪＣＳ一〇六七号（モーゲンソープラン）があった。ＪＣＳ一〇六七号には金融にかかわる指示もあった。

【指示項目第四五】米国占領軍および連合国占領軍は連合国発行マルク（連合国マルク）と（ナチスドイツ発行の）ライヒスマルクあるいはコインを使用する。これらの通貨は差別なく流通し、連合国マルクとライヒスマルクの交換比率は一対一である。
ナチス占領貨幣（Reichskreditkassenscheine：ナチスドイツが占領国で発行した貨幣）やドイツ軍票は法定貨幣とは認めない。[*2]

この指示は、連合軍が貨幣発行権を持つことを意味していた。ここで規定されている連合国マルクは、貴金属との兌換性のない不換紙幣（fiat money）である。それだけに発行量には十分すぎるほどの注意が必要であった。生産設備を失い、かつ輸入も出来ない敗戦国ドイツにおける物資は極端に不足していた。連合国マルクの発行量を制御しなければ、たちまちハイパーインフレに襲われるのである。

英米両国はドイツ占領後には統一紙幣を発行すること、紙幣の印刷はアメリカだけで行うことを一九四三年の時点で決定していた。その準備を進めるよう、連合国ヨーロッパ遠征軍最高司令部はテヘラン会談（一九四三年一一月）後に要請した。[*3] 検討の結果、発行量は一五〇億マルクと決まった。この内四五億マルクは銀行間取引用の高額紙幣（一〇〇〇マルク）の印刷であったので、流通させる紙幣の総量はおよそ一〇〇億マルクとなった。印刷された紙幣は連合国（米英ソ）に分配された上で流通させることにした。

ソビエトは紙幣は武器であると認識していた。この武器は人は殺さないが占領下にある社会システムを破壊し、富を収奪する。ソビエトはバルト諸国をはじめとして東欧諸国を次々と占領下においたが、占領地におけるルーブルの交換比率を現地通貨に対して異常なほどに高く設定した。その率は二〇〇〇%から三〇〇〇%にもなっていた。[*4]

ソビエト兵士の給与はルーブルで支払われたために、彼らはたちまち「大金持ち」になった。占領地の商人はルーブルでの受け取りを強制された。しかしそのルーブルは実質的な価値をともなっていなかったので、手元に溜まったルーブルでは、新たな生産のための原料も確保できず、輸入もできない状況に陥った。「貨幣という武器」を使った富の収奪が、ソビエト占領地域では起きていた。

ソビエトはこの収奪システムを占領下のドイツにおいても適用するつもりであった。しかし、米英によって統一通貨と発行量が既に決められたことを知った。

注

＊1：『裏切られた自由（下）』四〇五～四〇六頁。
＊2：同右、四〇九頁。

＊3：The Trial of Harry Dexter White, pp34-35.
＊4：同右、p45.

第二節　ホワイト、ソビエトに印刷原版を引き渡す

米国務省が占領下ドイツにおける通貨政策をモスクワに伝えたのは、一九四四年一月一七日のことである。二月一四日、ソビエトはハリマン駐ソ米大使に、その方針を了解すると回答したが、一つの条件を付けた。ソビエト配給分はソビエト国内で印刷するというものだった。

モロトフ外相からの要求に困惑したのは、ダニエル・ベル財務次官である。印刷実務を担当するアルヴィン・W・ホール印刷局長も強く反発した。一つの紙幣を二つの政府が管理することは常識的にはありえなかった。供給量の管理が難しいことがその根本の理由である。また印刷原版、インク、紙は共通にしなくてはならない。そうしたアイテムは紙幣印刷ノウハウの塊である。ホール局長は、それらをソビエトに供給するとなれば、印刷を請け負っているボストン・フォーブス印刷会社（Forbes Company of Boston）は契約を破

棄するだろうと懸念した。[*1]

財務省内会議では、ホールの意見に与するものが大勢であった（三月七日）。占領国の通貨政策の実務責任者ホワイトはこの考えに同意するそぶりを見せながらも、「我々が彼ら（ソビエト）を信用していないと不快にさせる怖れがある」、「そうした思いを抱かせることはFDR政権の外交方針に反してしまうのではないか」と発言した。出席者は、「この件はモーゲンソー長官の意見を聞くべきだ」とのホワイトの考えに同意した。

ホワイトの意に反して、モーゲンソー長官は大勢の意見に与したようである。三月一八日、ホワイトを同席させた上で、グロムイコ大使に、米国で印刷された連合国マルク紙幣は遅滞なくソビエトに供給すること、原版を渡すことはフォーブス印刷会社との関係上できないこと、この判断は決してソビエトを信用するしないの問題ではなく、あくまでテクニカルな理由でなされたことを説明した。四月八日、ソビエトはその決定が不快であるとモスクワのハリマン大使に正式に伝えた。もし米国が原版を引き渡さなければ、ソビエト占領地区においては独自に占領国通貨を発行すると脅した。英国にも意見が求められていたが、彼らもソビエトが独自に通貨を印刷することには反対であった。[*2]

デッドロックに陥ったかに見えたが、ホワイトはうまい方法を考えた。連合参謀本部

（ヨーロッパ方面連合軍の最高意思決定機関：Combined Chiefs of Staff：ＣＣＳ）が設置した民政担当委員会（Combined Civil Affairs Committee：ＣＣＡＣ）[*3]に判断を委ねたのである。ＣＣＡＣに対しては、ジェイムズ・Ｃ・ダン（国務省ヨーロッパ問題担当部長）が経緯とソビエトの要求を説明した。ＣＣＡＣが最終的な方針を示したのは四月一二日の会議のことであった。「この問題は極めて政治的であり、軍関係者が決断するものではない」。要するにこの案件については責任を持ちたくないことを明らかにし、財務省・国務省から預けられたボールを投げ返したのである[*4]。

四月一四日、ホワイトは財務省関係者を集め、ＣＣＡＣの決定を知らせた。しかし出席者に正式回答文書をみせることなく、「ＣＣＳは原版をソビエトに引き渡すことを決めた」と説明した。軍決定を装うことで省内実務担当者の反対を抑えたのである。しかしフォーブス印刷会社との問題は残っていた。これについては、印刷原版等のソビエト引き渡しは軍の決定だとしてフォーブスには知らせないと決めた（長官決定）。「軍決定」である以上、引き渡し行為は「軍事機密」であるというロジックであった[*5]。

この決定を知らされたグロムイコ大使は喜んだ。四月二一日には原版、インク、印刷用紙がワシントンのソビエト大使館に納入された。五月二四日、それらを積んだ飛行機がモスクワに飛び立っていった。

注

＊1：The Trial of Harry Dexter White, p35.
＊2：同右、pp37-38.
＊3：連合参謀本部（ＣＣＳ：連合国軍最高司令部）が一九四三年七月に設置した機関。
＊4、5：The Trial of Harry Dexter White, p39.

第三節　アメリカ軍兵士の強欲

原版を首尾よく入手したソビエトは、連合国マルク紙幣を文字通り「刷りまくった」。その額は七八〇億ドルという巨額な数字だった。ドイツの占領地域に入ったソビエト軍兵士は、給与を「ソビエト製」連合国マルクで受け取った。ソビエトはこの通貨を自国通貨ルーブルに替えることを禁じた。兵士たちは占領地域で買えるだけ買いあさったものをバーターでルーブルに替えるか、他国通貨といったん交換したうえでさらにルーブルに替えるしか方法はなかった。ルーブルに交換義務のないソビエト製連合国マルクは、いくら刷

1000 連合国マルク紙幣

ってもモスクワの国庫は痛まなかった。

米国も自国兵士への給与支払いを連合国マルクとした。ただし、彼らには一〇連合国マルクにつき一ドルでの交換が許されていた。交換できる金額に制限はなかった。[*1] アメリカ兵士（GI）は、官給品を安価で購入できた。市中に持ち込めば飛ぶように売れた。本国では使えない連合国マルクを懐にしたソビエト兵士が争ってGIの持ち込む官給品を買い漁った。特に持ち運びの楽な煙草が人気だった。

隊内の売店（PX）で一ドルで購入した「ラッキーストライク」一カートン（一〇箱入り）を、ソビエト兵士は一〇〇〇連合国マルクで喜んで買った。GIは手にいれた連合国マルクを隊内で自国通貨に替えた。一ドルの投資がたちまち一〇〇ドルに膨れ上がった。安物の腕時計もソビエト兵が喜んで買っていった。数十ドルの腕時計が五〇〇ドルから二五〇〇ドルにもなった。[*2] 三万三〇〇〇人のＧＩが本国に送金した額は、一人当たり一万二〇〇〇ドル（現在価値でおよそ一五万ドル）に上った。[*3]

湯水の如く印刷されたソビエト製連合国マルクの存在はＧＩを喜ばせたが、米陸軍予算からは膨大な額のドルが流出した。ＧＩに流出した額は陸軍予算をたちまち食いつぶし、超過額は二億七一〇〇万ドルにまで膨れた。

ここで、ようやくワシントン議会が通貨濫用の問題に気づいた。[*4] 米国陸軍は一九四五年七月には、はやくも米英管理地域（注：ドイツは米英ソ仏四カ国が分割占領、管理した）ではソビエト製連合国マルクのドルとの交換を停止し、[*5] 一九四六年には給与支払いを連合国マルクから軍票（military scrip）に替えた。軍票の使用は決められた店以外は認められなかった。これによってようやく連合国マルクのもたらす社会混乱に歯止めがかかったのである。[*6]

連合国マルクは旧マルクと一対一の交換比率に決められていた。際限なく持ち込まれる連合国マルクによって、ドイツの社会生活は完全に破壊された。ドイツ国民にとって、もはや紙幣は全く信用ならない交換手段となった。価値の確かな「現物」しか信用できなくなった。日々の生活には食料を筆頭に生活必需品を手に入れる必要がある。先に書いたように、モーゲンソープランによって工業は「死に体」となり、都市生活者には働く場がなかった。彼らにできることは、身の回りの品を売りさばくことだけだった。しかし売りさばこうにも通貨が信用できないジレンマに陥った。

米国占領軍（Office of Military Government, United States：ＯＭＧＵＳ）は悩んだ末に、物々交換市場（バーターマート）を認めた。ＯＭＧＵＳ司令官ルシアス・クレイ将軍がベルリンでの設置を認可したのは、一九四六年六月のことである。ドイツ国民の窮状を憂《うれ》えたクレイ将軍夫人もその設置を夫に強く勧めた。一〇月にはフランクフルトでの設置も決まった。[*7]

困窮したドイツ市民は手に手に売れそうなものを持って、バーターマートに長蛇の列を作った。マートの二階が評価所となっておりＧＩに護衛された鑑定担当員が評価額を決めた。その額に応じてＢＵＴＥｓと呼ばれる疑似ペーパーマネーが発行された。市民はＢＵＴＥｓを持って、一階に向かう。そこにはＧＩが持ち込んだ官給品が溢《あふ》れていた。ＢＵＴＥｓはそこだけでしか通用しない「マネー」だった。市民が特に欲しがったのは煙草であった。煙草は持ち運びが楽な上に、市内では貨幣の役割を果たした。「（一〇箱入りの）煙草のカートンにはドイツ人労働者の週給の数倍の値がついた」[*8]。ＢＵＴＥｓを受け取ったＧＩはドイツ人の持ち込んだ骨とう品などを買い漁った。

煙草はＧＩの金の生《な》る木となった。軍の郵便システムなどあらゆる手段を使って本国から煙草を取り寄せると、バーターマートに持ち込んだ。

注

＊1、7：Loren Gatch, From Black Market to Barter Mart in Post War Germany, Paper Money, September/October 2011, p364.
＊2：The Trial of Harry Dexter White, p40.
＊3、4：同右、p41.
＊5、6：Paper Money, p366.
＊8：同右、p369.

第四節　ＧＩの乱行と売春

一九四六年八月一四日、ワシントン議会上院国家防衛プログラム調査特別委員会で一人の証人がＯＭＧＵＳの管理運営体制を激しく批判していた。証人は、ベルリンから戻ったばかりのＯＭＧＵＳ諜報担当部長（Office of the Director of Intelligence：ＯＤＩ）フランシス・Ｐ・ミラー大佐だった。ホワイトが仕掛けたドイツ社会の混乱は見事に「成功」を収めていた。ＧＩの強欲がその混乱に拍車をかけた。ベルリン市内には、旧ドイツ領、あるいは東欧諸国内から追われたドイツ系住民が、着の身着のままで逃れてきた。飢えた女性たちと懐の暖かいＧＩたちが接触すればどうなるかは火を見るよりも明らかだった（後述）。

ミラー大佐はベルリンの状況を放っておけなかった。市民の惨状とＧＩの腐敗行為を傍観するクレイ将軍側近の参謀、特に兵士管理部門の責任者ジェイムズ・Ｂ・エドマンズ准将に憤った。ミラー大佐は同僚のヘンリー・Ｇ・シーン大佐と共に状況をつぶさに調査することを決めた。軍命令ではない、あくまでもプライベートな行為だった。その結果をフランクフルト方面管轄の軍監察官、ウィザー・バーレス少将に報告したが訴えは取り上げられなかった。

任務を解かれ帰国したミラー大佐は、旧友のトーマス・パラン米公衆衛生局長（Public Health Service：ＰＨＳ）にコンタクトした（一九四六年四月）。ベルリンのＧＩの行状を説明し、彼らの間に性病が蔓延《まんえん》していると警告したのである。この年には後の調査で米兵の四人に一人が淋病に罹患していたことがわかっている。[*1]

事態を重く見たパラン局長は、上院特別調査委員会首席調査員ジョージ・ミーダーに報告した。これが上院国家防衛プログラム調査特別委員会がミラー大佐の喚問を決めるまでの経緯だった。ミラー証言に、出席議員の顔は曇った。アメリカ占領軍の行状は、アメリカの評判と威信を大きく傷つけていることを悟った。

「私（ミラー）には、わが国のＧＩの振舞は、フランスを占領していたナチス軍よりひどいのではないかと思えます。白人士官は、部下の黒人兵の行為を全くコントロールできていません。白人黒人兵を問わず、ＧＩのドイツ人に対する態度は目に余ります。彼らの風紀が緩んでいることは、特に黒人兵士の間に性病がとんでもない勢いで広まっていることで歴然としています」

「彼らは、我が国益やアメリカ国民としてのあるべき態度などに何の頓着《とんちゃく》もなく、お金だけに執着しています。士官から兵卒までその態度は変わりません。兵士に支払った給与よりも大きい額が本国に送金されている状況をみればそのことは言わずもがなでしょう[*2]」

米国占領軍兵士への性病の蔓延には以下のような事情があった。ドイツは第一次世界大戦の敗北でヨーロッパ内の領土一三％を喪失した[*3]。喪失領土内には多くのドイツ系住民が少数民族となり残留した。また東プロシアは領土として残されたが、ドイツ本土とは切り離され飛び地となった。ソビエト赤軍は東欧諸国も東プロシアも占領した。

ソビエトは独ソ不可侵条約の秘密協定に基づいて、ドイツに続いてポーランドに侵攻した（一九三九年九月一七日）。ポーランド東部を占領したソビエトはその地をポーランドに返還しなかった。これがチャーチルとＦＤＲを悩ませた。チャーチルはロンドンに逃げたポーランド亡命政権に、ＦＤＲは国内のポーランド系住民に、同国東部をソビエトが領土化することを説明しなくてはならなかった。

そもそもヨーロッパの戦端はポーランドの独立保障が原因で開かれた。チャーチルはポーランドを元通りの国に戻すことを約束し対独徹底抗戦を呼びかけていたし、FDRは一九四四年の大統領選挙で、ポーランド系の票獲得のためにポーランドの独立回復を約束して支援を得た。つまりポーランドの独立を守るために英米の兵士は命を捨てた。大西洋憲章は武力による領土拡張を否定し、ソビエトもそれに調印した（一九四二年一月一日、ワシントンに連合国二六カ国が集まり、大西洋憲章を確認し対枢軸国戦争目的を明らかにした）。従って、ポーランド領土は旧に復するものと誰もが考えていた。そんな状況下で、「ポーランド東部はソビエトに与える」というのでは道理が通らなかった。その道理をつけるために考え出された方便が、ポーランドがソビエトに奪われた領土に匹敵する土地をドイツから取り上げ、ポーランドに分け与えることであった。

この領土分配はヤルタ会談に先だつテヘラン会談（一九四三年一一月）で秘密裏に決定されていた。当時の三首脳のやりとりは『裏切られた自由』[*4]の中でハーバート・フーバー元大統領が詳述している。いずれにせよ、ドイツ領は現在の独ポ国境となっているオーデル川まで削られたのである。

ポーランドに引き渡される土地からはドイツ人住民を排除し、ソビエト領となる東部ポーランドの住民をそこに移住させることが決まった。ポーランド領とされる土地から追われたドイツ人住民は、続々とドイツ「本国」に戻された。東欧諸国は領内のドイツ系住民の排除を決めた。

追放されたドイツ系住民のほとんどがベルリンに向かった。貨車のような列車でやってきた彼らは、途中ソビエト兵の略奪と強姦にあった。それでも生きてベルリンに入れれば幸運だった。ベルリンには、職も食料もなかったが、ポケットを膨らませたGIがいた。

当時のベルリンの様子を米国立公文書記録管理局（NARA）発行の季刊誌「プロローグ（Prologue Magazine）」は次のように描写している。

「遊んじゃおうぜ（Goin' frattin）」が米軍兵士の合言葉だった。（中略）彼らは、占領軍兵士と『お友達になりたい女』を巡って争った。白人兵士も黒人兵士も変わるところはなかった。その結果が性病の蔓延だった。一九四五年五月から一二月までに罹患率は二三五％も跳ね上がった」

「ドイツ人女性の売春は未曾有のレベルに達した。一九四六年の推計では五〇万の女性が売春行為で暮らしていたとされる。（中略）もはや一般婦女子と売春婦との見分けもつかなかった。良家の娘も教育のある女性も、その身体だけが食うための財産だと気づかされた（後略）」[*5]

ただし、ＧＩとの性的交渉のすべてが単純な売春行為だったわけではなかった。敗戦国ドイツの男女比は歪《いびつ》だった。戦争と戦後の殺害によって男がいなくなっていたのである。ベルリン郊外の町（Treptow）では一八歳から二一歳の男女の数は、男一八一に対して女一一〇五という数字が残っている（一九四六年二月）。ドイツの子供たちの三分の一が「父なし子」だった。そうした状況が生んだのが二万五〇〇〇組に上るＧＩとドイツ人女性との結婚であった（一九四六〜四七年）[*6]。

注

＊１：*1946: The Making of the Modern World*, p52.
＊２：Kevin Conley Ruffner, The Black Market in Postwar Berlin, Prologue Magazine, Fall 2002, Vol.34, No.3 この証言引用以外の部分についても本記事の記述によった。
＊３：Patrick Buchanan, *Churchill, Hitler, and the Unnecessary War*, Crown, 2008, p82.
＊４：『裏切られた自由（下）』第三部ケーススタディ第一編ポーランドの歴史。

＊５：Prologue Magazine, Fall 2002
＊６：*1946: The Making of the Modern World*, pp50–52.

第五節　フーバー視察とドイツ占領政策の是正

トルーマン大統領は、ドイツの惨状がホワイト（とモーゲンソー）が仕掛けたドイツ復讐計画（モーゲンソープラン、連合国マルク印刷原版のソビエト譲渡）の結果であるなどとはわかるはずもなかったが、ミラー大佐の証言などを通じて、その惨状だけは理解できたようである。先述したようにトルーマンは、第一次世界大戦期、ヨーロッパ諸国に大規模な食糧援助を成功させたハーバート・フーバー元大統領の協力を仰いだ。フーバーにドイツの状況を視察して報告するよう求めたのである。その要請にフーバーは応えた。以下が彼の大統領への返書である（二一四頁の写真参照）。

一九四七年一月一九日

親愛なる大統領殿

昨日付の閣下からの要請書を読みました。喜んでお手伝いしましょう。ただ、この案件はより広い視野に立っての理解がなければ、私が視察しても有益なものにはならないでしょう。わが国民は、戦いが終わって二年にもなろうとするのに、いまだに旧敵国民の食糧支援に多大な費用をかけていることに驚いています。私の視察は、彼ら（ドイツ）の輸出を早急に回復させ、そうすることで自助の力をつけさせるにはどうしたらよいかを考えるためのものにしなくてはなりません。

彼ら自身が支払いの手段を見出す可能性を考えること、そうすれば慈善事業のような支援をいつになったら終えられるかわかるでしょう。具体策が提示できない視察では、議会もわが国民も際限のない支援に絶望するでしょう。（後略）

ハーバート・フーバー

ウォルドルフタワー、ニューヨーク市

FDRは生前、副大統領のトルーマンを外交に一切関わらせなかった。「第四期FDR

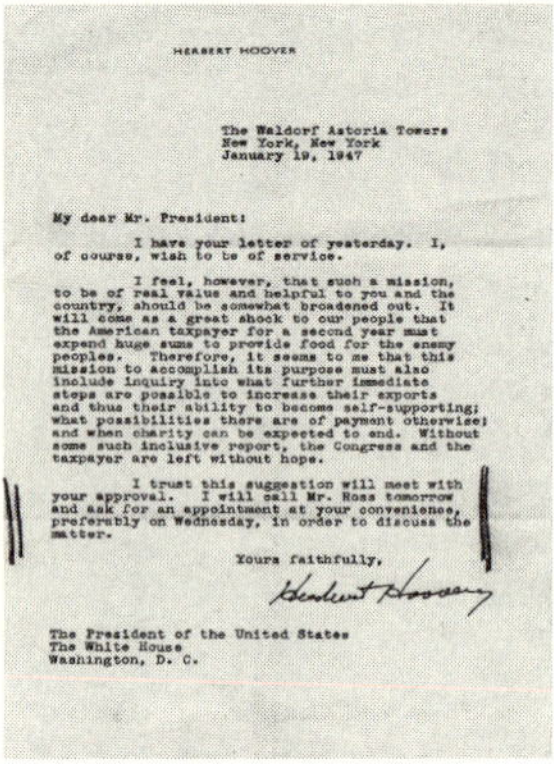

HERBERT HOOVER

The Waldorf Astoria Towers
New York, New York
January 19, 1947

My dear Mr. President:

I have your letter of yesterday. I, of course, wish to be of service.

I feel, however, that such a mission, to be of real value and helpful to you and the country, should be somewhat broadened out. It will come as a great shock to our people that the American taxpayer for a second year must expend huge sums to provide food for the enemy peoples. Therefore, it seems to me that this mission to accomplish its purpose must also include inquiry into what further immediate steps are possible to increase their exports and thus their ability to become self-supporting; what possibilities there are of payment otherwise; and when charity can be expected to end. Without some such inclusive report, the Congress and the taxpayer are left without hope.

I trust this suggestion will meet with your approval. I will call Mr. Ross tomorrow and ask for an appointment at your convenience, preferably on Wednesday, in order to discuss the matter.

Yours faithfully,

Herbert Hoover

The President of the United States
The White House
Washington, D. C.

フーバー元大統領の返書

政権が発足してから彼の死までの八二日間で、二人は二度しか顔を合わせていなかった。二度目の『邂逅』はFDRのヤルタへの出発日の宵のことである。FDRは『よほどのことがない限り連絡する必要はない』」[1]とトルーマンに言い残して旅立っていた。トルーマンはテヘランやヤルタでの秘密合意も知らされていない。

　それでも、トルーマンはこの時期にはさすがにスターリンの悪巧みに気付いていたようだ。そのことを最初にトルーマンが思い知らされたのは、スターリンがソビエトと国境を接するイラン北西部アゼルバイジャンに傀儡《かいらい》革命政権を樹立させた時であった。

　イランには大戦中ソビエトへの米国支援物資を運ぶテヘランルートがあった。そのルートは、イラン南部に展開する英軍五万とアゼルバイジャンの都市タブリーズを拠点とするソビエト赤軍七万が守っていた。イラン国内に駐留する連合軍は、対独戦終了後六カ月以内に撤兵することが決まっていた。[2]

ところがソビエトは、コミンテルンの下級メンバーであったジャファル・ピシェヴァリー（Ja'far Peshevari）を傀儡首魁《しゅかい》に立て、アゼルバイジャン国民政府を樹立させた（一九四五年一二月）。

このやり口にトルーマンは憤った。「ソビエトはポツダム会談以降面倒ばかり起こしている。（中略）もうやつらのわがままを聞くのに疲れた（I am tired of babying the Soviets.)」とジェイムズ・バーンズ国務長官にこぼした（一九四六年一月初め）[*3]。そして先に書いたように、一九四六年二月四日にはフーバーFBI長官からハリー・ホワイトがソビエトのスパイであるらしいと伝えられたのである。

おそらく、トルーマンはフーバー元大統領にドイツ視察を依頼した時点では、モーゲンソープラン（ドイツ農業国化政策）の非現実性にも気付いていたはずである。フーバーの手紙は、ドイツに輸出を認めない限り自助の道はなく、アメリカが恒久的に支援することになると警告し、モーゲンソープランの破棄を訴えるものだった。トルーマンはフーバーの真意を理解していた。

一九四七年一月のフーバー元大統領へのベルリン視察要請は、二度目のものであった。フーバーはすでに四六年四月初めに短い期間だったが、トルーマンに乞われベルリンを訪れていた。この時、クレイ将軍はフーバーの到着を待ちきれず、ベルギーのブリュッセルにまで出向いて迎えた。クレイも、ＪＣＳ一〇六七号によってがんじがらめになり、いかんともすることができないことに悩んでいたのである。クレイ将軍は、アメリカ軍占領地域よりも、ドイツ北西部の英国占領地域の状況がひどいことを知っていた。英国占領地域はドイツの工業地帯だった。ドイツの穀倉地帯であるチューリンゲン、サクソニー、ポメラニアはソビエトが占領していた。「英国占領地域の食糧配分量では、生命の維持が出来ない」[*4]とロンドンに抗議していたほどだった。

フーバーの、二度目のベルリン視察は徹底したものであった。視察報告書は早くも一九四七年二月二六日に提出された。この報告書は、ドイツ国民の飢餓を救うための当面の食糧支援の規模とそのあり方を具体的に書き込んだものだった。トルーマンは、長期展望も含めたドイツ再生策についての分析も求めた。

フーバーが、長期的な展望に立った意見書をまとめたのは三月一八日のことである。工業化を容認し工業製品を輸出させることでしかドイツを自主再生させることはできないと結論付けていた。その全文は『裏切られた自由（下）』に掲載されている（同書第三部ケーススタディ第四編ドイツへの復讐）ので、興味ある読者は参考にされたい。その結論部分は以下の通りである。

「結論：米英占領地域についてなすべきこと

本勧告書で示した方針での平和的解決策がただちに取れない場合、少なくとも米英占領地域については、現在の破壊的な対独方針を破棄すべきである。工場を破壊したり、賠償目的で接収したり、「(低い）工業の程度」政策のコンセプトに基づく諸政策はやめなくてはならない。重工業、軽工業という区別はせずに、非軍需製品の製造を許すべきである。そうすることで、米英両国の経済負担を大きく減らすことができる。そうするほうが、我が国からの借款や慈善事業に頼るより、ヨーロッパによい結果をもたらす。

ワシントン議会の戦後経済計画委員会（The Congressional Committee on Postwar Economic Policy）も輸出を制約するような「(低い）工業の程度」政策は破棄するほうが、ドイツの早い経済回復が期待され、そのことで自ら食糧輸入の資金を手当てできるとしている（一九四六年十二月三十日付報告)。

すでに述べたように、ロシアとフランスは、四つの占領地域の経済統合をなすという合意を破っている。その結果として我々の支援負担が増している。この事実に鑑《かんが》みれば、我が国が（連合国で合意した）「（低い）工業の程度」政策をも無視してもかまわない。非軍事産業の工場を破壊したり接収することをやめるのである。

現在のような過渡期としての占領政策が長く続いたとしても、少なくとも米英占領地域においては、自給できる経済体制を構築できる。

もちろん占領地域だけがそうなればよいというものではない。永続的な和平をヨーロッパ全体に築くこと。それが我々の目的である[*5]」

これはＪＣＳ一〇六七号（モーゲンソープラン）の完全否定だった。この時期にはＪＣＳ一〇六七号の二人の設計者（モーゲンソー、ホワイト）は政権中枢から消えていた。フーバーの勧告を拒むものはどこにもいなかった。

注

＊１：*1946: The Making of the Modern World*, p17.

＊２：同右、P7.

＊３：同右、 p11.
＊４：同右、 p42.
＊５：『裏切られた自由（下）』四三九～四四〇頁。

第6章　ワシントン議会が暴いたソビエトスパイ

トルーマンは、ワシントン政権中枢にソビエトスパイが蠢《うごめ》いていることを一九四六年初めの時点で知った。しかし、世間にその存在が広く知られることはなく、一部ジャーナリストが問題にしているだけで済んでいた。スパイであることが確実であるとされたホワイトもヒスも、ルーズベルト政権の二つの重要施策（国際連合およびIMFの設立）を推進したスターだった。トルーマンには、彼らがスパイであることを本格的に調査させる「ガッツ」はなかった。このことが国民に知られれば、FDR前政権の防諜体制の不備、過度の容共外交が露見し、この政権を引き継いだ自身に火の粉がかかることは確実だった。だからこそ、ハリー・ホワイトのIMF理事任命人事をそのまま実行したのである。

ソビエト（NKVD）は、亡命したグゼンコと自首したエリザベス・ベントリーによってスパイ網に危険が迫っていることを知ると、直ちにスパイ活動を停止させた。そのためFBIは、容疑者を起訴し有罪に持ち込める証拠を集められなかった。親民主党、容共の幹部の多い司法省も積極的に動く気配を見せなかった。

しかしワシントン議会が動いた。本章では、スパイ（容疑者）を巡って繰り広げられた議会での攻防を扱う。

第一節　ダブルエージェント、キム・フィルビー

ワシントン議会の動きを追う前に、このころのアメリカの機密情報はほぼ完全にモスクワに洩れていたことを書いておきたい。第4章第二節でＭＩ６のダブルエージェント、キム・フィルビーについて触れた。米国の高度な機密情報がいかにして彼を通じて洩れていたのだろうか。本章のテーマとは少し離れるが、フィルビーについては考察が必要である。そうすることで、当時のソビエトがどれほどの情報を持って行動していたのかがわかるからである。

キム・フィルビーを顕彰するソビエトの切手。フィルビーは1963年にソビエトに亡命した

フィルビーは一九一二年インド・パンジャブに生まれた。父親はイギリスのインド統治を担う高等文官だった。ケンブリッジ大学で経済学を学び、一九三三年に卒業した。大学時代に早くも共産主義思想に傾倒した。卒業後はウィーンに移り、ナチスの迫害を受けていたユダヤ人

難民の保護に当たった。そこでオーストリア共産党員のユダヤ人女性（下宿先の娘リッツィ・フリードマン）と知り合った。彼がソビエト（ＮＫＶＤ）のエージェントとなったのは彼女の影響だと見られている。彼女は破壊工作に加わる危険人物として、オーストリア官憲に監視されていた。自由な生活を求めるフリードマンとフィルビーは結婚した。しばらくして彼は英国パスポートを得た妻を連れ、ロンドンに戻った。[*1]

帰国したフィルビーはソビエトのエージェントとなり、モスクワの指示に従い、あえて親ナチス系のジャーナリストとして活動するようになる。「World Review of Reviews」あるいは「Anglo-German Trade Gazette」といった親独系雑誌の編集に携わり、親ナチスのイメージ作りに成功したフィルビーは、フリージャーナリストとしてスペイン内戦の取材に向かった。共産党活動歴の残るフリードマンとモスクワの指示で別れたのも、この頃である。

フィルビーは、左傾化したスペイン共和国に抵抗するフランシスコ・フランコ将軍率いる反政府軍に従軍した。フランコ軍は、共産主義を嫌悪する独伊両国の軍事支援を受けていた。スペイン共和国を支持するソビエトは、フィルビーを通じて反政府軍の動向や独伊両国の軍事支援に関する情報を得た。従軍中に彼の乗った車が共和国軍の砲撃を受けた。

同乗の三人は死んだが彼は頭部の軽傷ですんだ。彼の寄稿した反政府（フランコ）軍寄りの記事は「ロンドンタイムズ」紙に掲載され、フランコ将軍を喜ばせた。

当時の英国は、表面上は中立を装ったが、独伊の内戦介入を喜んでいた。フランスは人民戦線政権の成立以来左傾化が著しく、スペインでは左派政権（共和国）が生まれた。当時の英国保守派の危機感は強かった。スターリンは共和国側に肩入れしたかったが、そうしてしまえば英国がフランコ軍支援に乗り出す恐れがあった。戦いに勝利したフランコは、フィルビーの「活躍」に感謝し、自らの手で彼の胸に勲章（Red Cross of Military Merit）を飾った（一九三八年三月二日）[*2]。

保守派ジャーナリストとして顔を売ったフィルビーは、自然な形で英国諜報員になる機会を待った。有力者に会うたびに諜報の世界で働いてみたいと語った。運が向いたのは、一九三九年のことだった。前年一二月にMI6に採用されていたケンブリッジ大学時代の友人ガイ・バージェスが、上司にフィルビーを推薦したのである。MI5（国内諜報担当）による素行背景調査でも不審な点はなく、MI6に採用された。ロンドン北方にあるセントオールバンズでの対独防諜工作任務を皮切りに、順調に出世の階段を昇った。

一九四四年九月、フィルビーはMI6長官スチュワート・メンジーズから第九部長を命じられた。第九部は、対ソ諜報および防諜を扱う部門だった。こうしてソビエトは、自国に対する諜報工作活動の責任者にスパイをつけることに成功したのである。

ＭＩ６はニューヨークにウィリアム・スチーブンソンを派遣し、米国内における諜報活動組織を構築させていた。ヨーロッパへの非介入姿勢を崩さない米国世論を対独戦争已《や》むなしに変化させるプロパガンダ工作が、スチーブンソンの主たる任務だった。この作業にはＦＤＲの後押しがあったこともあり、スチーブンソンはＦＢＩとの協力関係を作り上げていた。グゼンコ亡命事件の際に、彼がＦＢＩ職員とともにオタワでの調査に同行したのは、こうした背景があったからである。

ＦＢＩのソビエトスパイに関わる情報は、スチーブンソンからフィルビーに伝えられ、それが逐一モスクワに報告されていた。一九四九年、フィルビーはイギリス駐米大使館一等書記官としてワシントンに赴任し、米国諜報部門と本国政府を結ぶ諜報責任者となった。

フィルビーが一九五一年にスパイ疑惑で辞任に追い込まれるまでのソビエトは、核兵器開発情報を含む英米の高度な機密情報のほぼすべてを知ることができたのである。たとえば、スターリンは、トルーマンから「アメリカはとんでもない破壊力をもった新型爆弾を開発した」とポツダム会談（一九四五年七月一七日～八月二日）の場で聞かされた（七月二四日の公式協議後、トルーマンはあえて原子〔atomic〕爆弾という用語を使わずにスターリンに知らせることをチャーチルと打ち合わせていた）。これにスターリンは、「それは良かった。日本に使える」と静かに応じている。[*3] 彼が冷静であったのは、フィルビーを通じてアメリカの原爆開発の進捗《しんちょく》状況を知っていたからだった。

スターリンは、ポツダム会談前にラヴレンチー・ベリヤ（NKVD長官）と、トルーマンにポツダムで核兵器開発の成功が知らされた場合にはどう反応するかを打ち合わせていた。[*4] 彼は、一九四五年末時点での米所有の核爆弾数は三から四、一九四六年半ばには九程度になることを知っていた。少なくとも、ソビエト陸軍をせん滅できる数ではないことを知っていた。だからこそ強気の態度を見せたのだった。[*5]

注

＊1：Andrew Higgins, Even in Death, the Spy Kim Philby Serves the Kremlin's Purpose, New York Times, Oct.1, 2017
Kim Philby Spartacus Educational（http://spartacus-educational.com/SSphilby.htm）

＊2：Kim Philby

＊3、4：Michael Neiberg, *Potsdam*, Basic Books, 2015, p243.

＊5：*1946: The Making of the Modern World*, p26.

第二節　下院非米委員会と「ハリウッド・テン」

高校の歴史教科書などではアプリオリにファシズムを悪として歴史を語るが、注意が必要である。同じ全体主義である共産主義との比較の上でファシズムを解釈しなくてはならない。アメリカではＦＤＲ政権となるまでは、ファシズムより共産主義の方が危険であると考えられていた。そのことはハーバート・フーバー元大統領の『裏切られた自由』の次の一節からわかる。

「（ウィルソン大統領に続いた）ハーディング大統領、クーリッジ大統領は、ロシアを断固として承認しなかった。私（フーバー）自身も、ソビエトの国家承認に反対した。自由人を抑圧する陰謀に、我が国のドアをわざわざ開けてやるようなことがあってはならなかった。四代の大統領（ウィルソン、ハーディング、クーリッジ、フーバー）と、六人の国務長官は、（ソビエト政権成立後）一五年にわたってこの方針を堅持した」[＊1]

ドイツとの国交はヒトラー政権成立後も維持している（注：ＦＤＲ政権は、クリスタルナハト事件〔ユダヤ人居住区やシナゴーグが襲われた事件、一九三八年一一月〕に抗議して駐独大使〔ヒュー・ウィルソン〕を召還したが、国交は維持したままだった）。

ナチズムと共産主義はどちらも全体主義思想であり、個人の自由を束縛し国家利益を優先する。ただ両者には二つの大きな違いがあった。第一点は、共産主義思想は労働者独裁を目指した階級闘争を煽ったが、ナチズムは階級間の闘争を煽らず全階級の底上げを目指した。第二点は、ナチズムはその思想を全世界に伝播させようとするエネルギーを持たないが、共産主義には世界革命思想があった。だからこそ、アメリカに対しても国内秩序の混乱を狙った工作を仕掛けたのである。偽札をばら撒いたり、復員兵（第一次世界大戦従軍兵）を扇動してワシントンで騒動（一九三二年のボーナス行進）を起こした。これがＦＤＲ以前の政権が頑として ソビエトを国家として承認しなかった理由だった。[*2]

ＦＤＲは政権に就くとたちまちソビエトを承認した（一九三三年一一月）。国務省東欧部はこれに反対したが、ＦＤＲが押し切った。

ＦＤＲ政権はソビエトの国家承認にあたってアメリカの秩序の混乱を狙う活動の停止を

約束させた。それがマクシム・リトヴィノフ外相（外務人民委員）の以下の約束だった。

「アメリカ合衆国の内政には一切関与しない。アメリカ合衆国の平穏、繁栄、秩序、安全を傷つける行為やアジテーション、プロパガンダを一切しない、そしてさせない。アメリカ合衆国の領土および所有する権利を侵したり、政治的変化をもたらし社会秩序を乱すような行為はしないし、させない。アメリカ政府を転覆させたり、社会秩序を混乱させる目的を持つ団体や組織を作るようなことはしない」[*3]

ソビエトはこれを守らなかった。

一九三八年五月、ワシントン下院に非米活動特別調査委員会が設置された。保守系民主党議員マーチン・ダイズ（テキサス州）が委員長だったことから、ダイズ委員会と呼ばれた。

世界革命を目指すソビエト共産党に指導されたコミンテルンは、アメリカ国内にシンパを増殖させ、「非米活動（反アメリカ、反民主主義）」を活発化させていた。ワシントン議会は危機感を強め、議会独自でこの問題の実態を明らかにすべきだと考えたのである。

対独日戦争の勃発で、同委員会はドイツと日本の工作活動監視に注力したが、次第に共産主義スパイによる非米活動への監視にその関心をシフトさせた。ダイズ委員会は単年度の特別委員会でありそれを毎年更新してきたが、一九四五年に常設の委員会となり、非米活動委員会（House Committee on Un-American Activities：ＨＵＡＣ）と改称した。

一九四六年には中間選挙があり、共和党が圧勝した（下院：共和党二四六対民主党一八八）。これを受けて、ＨＵＡＣ委員長にはＪ・パーネル・トーマス（ニュージャージー州、共和党）が就任した。

トーマス委員長の最初の取り組みは、ハリウッド（映画産業）に対する共産党工作活動の実態把握であった。委員会はハリウッド関係者一〇〇人以上に証言を求めた。ウォルト・ディズニーなどを含むほとんどが証人喚問に応じたが、八人の脚本家と二人の監督が証言を拒否した。議会は彼らを議会侮辱罪で告訴し、一〇人は半年から一年の実刑を受けた（一九四七年一一月二四日）。牢に入っても共産党との関係を明かすことを拒否した一〇人は「ハリウッド・テン」と呼ばれている。

アメリカ映画協会（Motion Picture Association of America：ＭＰＡＡ）のエリック・Ａ・ジョンストン会長は、ニューヨークのウォルドルフホテルに業界幹部、プロデューサー、法律顧問ら五〇人を集め善後策を協議した。その結果、一〇人の解雇と、共産主義者およびそのシンパの映画業界からの排除を決めた（一一月二五日、ウォルドルフ声明）。[*4]

ＦＢＩは映画産業内部に情報提供者を持っていた。それが誰だったかは、ＦＢＩのファイルからは削除されていて不明である。[*5] ＨＵＡＣは広範囲に共産主義勢力によるプロパガンダ工作がすすんでいることに驚いた。ＨＵＡＣ自体は捜査機関を持たない。ＨＵＡＣの証人喚問にはエドガー・フーバーＦＢＩ長官の協力（情報提供）があった。

注

＊1、2：『裏切られた自由（上）』一七七頁。
＊3：同右、一七九頁。
＊4、5：Thomas Doherty, Reflections on Hollywood's Infamous Blacklist 70 Years Later, the Hollywood Reporter, November 24, 2017
https://www.hollywoodreporter.com/race/reflections-hollywoods-infamous-blacklist-70-years-guest-column-1060628

第三節　ようやく気付いた共産主義の危険性

アメリカの有力政治家で、共産主義をじっくりと考察し、その危険性に気付いていたものは少なかった。ジョン・フォスター・ダレスの評伝でそれがわかる。

「(ジョン・ダレスは) ボルシェビキ思想はもともと嫌いだった。一九二〇年代には、ソビエトはただ無秩序で経済的にも後れた国であり、西側諸国を脅かすことなどあり得ないと考えていた。一九二四年の段階では、この(後れた)国をアメリカが承認しないのは馬鹿げたことだとさえ感じていた。一九三〇年代はボルシェビキ思想の拡大を恐れ、ナチス・ドイツこそが防波堤となると考えた。しかし、一九四一年にアメリカが参戦し、ソビエトが連合国の一員となると、ソビエトに対する批判が鈍くなった。ソビエトは都合のよい同盟国である。アメリカの国益が最も重要なのであり、他国との関係はそれを斟酌しながら決めればよいと考えた。一九四五年のサンフランシスコ会議の場面においてさえ、西側諸国のリーダーに対して、『ロシア(ソビエト)は国際連合に対して真摯《しんし》に協力するはずだ』と訴えていたのである」[*1]

ダレスは、アルジャー・ヒスが仕切るサンフランシスコ会議に、共和党の有力上院議員アーサー・ヴァンデンバーグのアシスタントとして参加していた。会議では国際連合憲章規約前文の起草に関わった。ジョン・ダレスは、後のアイゼンハワー政権（一九五三〜六一年）では国務長官に任命され、弟のアレン（CIA長官）とともに同政権の外交を担った。東部エスタブリッシュメントの典型であり、国際法務に詳しかった。その彼でさえ、共産主義に対する認識はこの程度だった。

東部エスタブリッシュメント層は、アメリカ型民主主義への絶対の自信があった。安全保障についても、東西を二つの大洋に守られていることからくる呑気さがあった。共産主義の浸透がたちまち国家転覆につながるナチスドイツや、ソビエトと国境を接し彼らの工作を警戒する日本の危機感は理解できなかった。

ようやく共産主義思想の危険性に気付いたのは戦後のことである。ジョン・ダレスが、真剣に共産主義について研究したのもそのころである。スターリンのエッセイや演説をまとめた『レーニン主義の諸問題』に鉛筆で書き込みを入れながら読み込んだ。そうして、ようやく「共産主義思想がいかに危険であるかを悟ったのである。他国の力を削ぎ、台頭する民族主義の運動を『乗っ取る』ことで、最終的に世界支配を目指す。それが共産主義思想である。そう理解したのである」[*2]。

アメリカの指導者層の共産主義に対する理解はこの程度であった。その思想の危険性を学んだ時には、ソビエトの膨張を東西で抑えていた二つの大国（日本とドイツ）を自らの手で破壊していた。ドイツのナチズムも日本の軍国主義も、共産主義の拡散への対抗という側面があった。しかしそのことをFDRに代表されるアメリカ指導者層は理解できていなかった。独日両国を潰した後に、ソビエトに（問題があれば）対処すればよい、彼らとはそれなりにうまくやっていけるだろう程度にしか考えていなかったのである。

トルーマンは自身が大統領になってはじめて、政権内部への工作の広がりを知って驚愕《きょうがく》した。しかしそれをあからさまにはできなかった。そうすることは、一九三三年以来綿々と続けてきたリベラル国際主義に立つ民主党外交（FDR外交）の全面否定になるからである。トルーマンは、スパイ容疑のかかっている政府高官は世間に波風を立てずに排除しなくてはならない、そうすることで民主党政権を維持できる、と考えた。その意味では、トルモスクワが、グゼンコやベントリーの告発を知ってスパイ活動を停止させたことは、トル

「カウンターアタック」タイトル・ロゴ

ーマンには「幸い」であったかもしれない。スパイ行為で有罪にできる証拠集めが難しくなったからである。スパイ事件を「穏便に」（司法で有罪にしない形で）解決し、ひっそりとスパイ容疑者を排除する。それがトルーマンの考えだった。

一方でトルーマンの思惑を理解しながらも、フーバーFBI長官には、このスパイ事件を利用して組織を拡大したいとの思惑があった。トルーマンの不興を買わない程度に、そして政権を危うくしない程度にこのスパイ事件を世間に知らせる、そうすることでFBIの組織を拡大し、自身の発言力を強化できる、と考えた。

一九四七年五月、三人の元FBI職員がニューヨークで、ある小冊子の発行を開始した。「カウンターアタック：共産主義思想の真実」と題された、一般国民に共産主義の危険性を「啓蒙」する刊行物だった。発行者がFBI関係者であることからわかるように、FBIの捜査情報が密かに流されていた。[*3] 同誌は、直接の批難を巧妙に避けながら、共産主義者のジャーナリストや労働組合指導者、あるいは容共的な政治家の名を挙げ、世論に注意を喚起した。

共産主義者への警戒はワシントン議会でも高まった。それを端的に示したのがニクソン・ムント法の成立だった。同法は、共産党およびそのフロント組織に、司法省への届け出とメンバーリストの提出を義務付けるものだった。こうした組織が新聞や冊子などを発行する場合には、「外国エージェント活動に関わる合衆国規則承認済」の文言を表記することも規定された。ニクソン・ムント法は、リチャード・ニクソン下院議員（カリフォルニア州、共和党）とカール・ムント下院議員（サウスダコタ州、共和党）の起案で、一九四八年五月一九日に下院を通過した（賛成三一九、反対五八）。「カウンターアタック」誌も同法の成立を強く支持し、起案したニクソン議員を保守派のスターだと称賛した（一九四八年五月七日号）。

しかし、この法案は思想の自由、結社の自由を侵すとして、共産主義者を含むリベラル勢力が強く反発した。トルーマンも、上院で可決されても拒否権を発動する可能性を仄《ほの》めかしていた。結局、同法（案）は上院に回されることなく廃案となったが、ワシントン議会においても共産主義者による工作活動の危険性が広く認識されてきたことを示すものであった。

法案の成立を阻《はば》みたかったのはトルーマン大統領だけではなかった。FDR未亡人エレノアもその一人だった。

「民主主義体制の中で共産主義思想からの攻撃を守ろうとこのような規制をかけてしまえば、われわれも思想の自由を喪失することになります。彼ら（共産主義者）と同じということになってしまいます。私には、この法案はとても危険だと思えます」（一九四八年六月一日）[*4]

たとえ仮面夫婦であったとしても、亡き夫（ＦＤＲ）は彼女のエゴを満たすためにリベラル国際主義に立つ国際組織の幹部に就けてくれた。エレノアが夫の外交を擁護したのは当然だった。

注

＊1：スティーブン・キンザー『ダレス兄弟』渡辺惣樹訳、草思社、二〇一五年、一四九頁。
＊2：同右、一五〇頁。
＊3：「カウンターアタック：共産主義思想の真実」については以下のサイトが詳しい。
Counterattack: https://library.bloomu.edu/Archives/SC/RadicalNewsletters/Counterat

tack/counterattack.htm
＊4：Eleanor Roosevelt, Refuting the Mundt-Nixon Bill

第四節　ベントリーとチェンバースの証人喚問

一九四八年夏、HUACはスパイ容疑のかかっている人物たちの証人喚問を始めた。エリザベス・ベントリーへの質問があったのは七月三一日のことである。証言内容はFBIのこれまでの調査でわかっている以上のものはなかったが、公開の場での発言であるだけにセンセーショナルなものになった。彼女は二八人のスパイの名をあげた。彼女の扱っていたスパイ組織には独立した二つのグループがあったことも明らかにした。彼女とHUAC委員のやりとり（抜粋）は次のようなものだった。

彼女への質問は主として、ロバート・ストリップリングHUAC主任調査員、リチャード・ニクソン議員、カール・ムント議員、ジョン・ランキン議員（ミシシッピ州、民主党）があたった。

ストリップリング：あなたは米共産党員でしたか？
ベントリー：はい、そうでした。
ストリップリング：いつメンバーとなったのですか？
ベントリー：一九三五年三月です。
ストリップリング：あなたはヤコブ・ゴロスという男を知っていますか、あるいは知っていましたか？
ベントリー：知っていました。
ストリップリング：いつからですか？
ベントリー：一九三八年一〇月からです。
ストリップリング：いまゴロスはどこにいますか？
ベントリー：死にました。
ストリップリング：ゴロスはあなたに対して、米共産党の特殊な仕事をするよう頼んできましたか？　その特殊な仕事とはソビエトへの協力のことですが。
ベントリー：会ってから暫《しばら》くして頼まれました。
ストリップリング：それはいつ頃のことですか？

ベントリー：ちょうど独ソ戦が始まった頃ですから、一九四一年の六月か七月のことです。

続く質問で、ベントリーはスパイの名を挙げた。

ストリップリング：（具体的に）彼（ゴロス）は何をしてほしいと言ったのですか？
ベントリー：政府職員の情報提供者ら（との情報伝達）の担当です。
ストリップリング：スパイ組織はどのように活動したか、またあなたはそれにどう関わったか当委員会に説明してください。
ベントリー：政府職員スパイとの関わりは一九四一年七月頃から始まりました。彼（ゴロス）は、アール・ブラウダー（米共産党書記長）からある政府職員の名を聞かされたそうです。その人物は、ロシアのために情報を提供したがっていて、他の同じような考えの政府職員とグループを作ることができると言っていたようです。
ストリップリング：その人物は誰ですか？
ベントリー：ネイサン・グレゴリー・シルバーマスターです。彼は（農務省の）農業安定局に勤めていました。
ストリップリング：彼は米共産党員でしたか？
ベントリー：そうです。
ランキン：コミンテルンのメンバーでもあった？
ベントリー：多分ＮＫＶＤのメンバーだと思います。
ストリップリング：それ（ＮＫＶＤ）はロシア共産党の秘密警察ですか？
ベントリー：そうです。
ストリップリング：あなたは伝達係だった？
ベントリー：私は（定期的に）ワシントンに出かけ、「荷物（material）」を受け取りました。それを（ニューヨークにいる）ゴロスに渡しました。
ストリップリング：このスパイグループに属していた人物の名を挙げられますか？
ベントリー：シルバーマスター夫人、ウィリアム・ルートヴィヒ・ウルマン（注：陸軍航空隊に所属したことがあり、スパイが盗み出した書類の写真〔マイクロフィルム〕撮影を担当）、ソロモン・アドラー（注：財務省エコノミスト、一九四七年まで中国に派遣されていた）、ウィリアム・テイラー（注：財務省、ＩＭＦ職員）、ハリー・デキスター・ホワイトです。

これが、ホワイトがスパイであると初めて公の場で明かされた瞬間であった。この証言がきっかけとなり、ホワイトも証言台に立つことになった（後述）。ベントリー証言はなおも続いた。

ベントリー：私は（シルバーマスターグループの他に）もう一つのスパイ組織も担当していました。パーログループと呼ばれています。みせかけのリーダーにビクター・パーロ（注：戦時工業生産委員会）がついていたからです。

ストリップリング：パーロがあなたに情報を渡した？

ベントリー：そうです。

ストリップリング：要するにそうした政府職員たちがあなたに情報を渡したということですね？

ベントリー：そうです。

ストリップリング：このグループ（パーログループ）の他のメンバーの名を挙げられ

ますか？
ベントリー：アラン・ローゼンバーグ（注：外国経済局）、ドナルド・ウィーラー（OSS）、チャールズ・クレイマー（特別政策局：Office of Emergency Management、経済学者でブレイントラストの一員）です。クレイマーの本名はチャールズ・クレヴィツキーです。[*1]

ベントリーは次々に具体的にスパイの名を挙げていった。アメリカ国民はスパイ組織の連邦政府内への深い浸透に驚愕した。

この時期、ソビエトの世界革命思想がいかに危険であるかを示す事件が世界各地で起きていた。この年の三月にはチェコスロバキア外相ヤン・マサリクが不審死を遂げていた。モスクワでモロトフ外相との会談を終えて帰国した直後のことである。六月にはソビエトはベルリンを封鎖し、英米のパイロットは死を覚悟してベルリンに食糧を運んだ。中国では、蔣介石の国民党軍がモスクワの支援を受ける中国共産党軍に圧倒されていた。

そんな中で、アメリカ政府の中枢に大掛かりなスパイ組織が出来上がっていたとの証言が飛び出したのである。しかも、ベントリーの明かした人物の中には、ブレトンウッズ会議を仕切った高官ハリー・ホワイトまでも含まれていた。アメリカ国民にとっての衝撃はここで終わらなかった。ベントリー証言の三日後（八月三日）、今度はウィッテカー・チェンバースがHUACで証言した。

チェンバース：私が米共産党に入党したのは一九二四年のことでした。しかし一九三八年には、マルクス主義思想とレーニン主義とは縁を切りたいと考えました。それ以後一年間は地下に隠れて生活しました。夜も昼もリボルバー（拳銃）を肌身離さず持っていました。共産主義者の連中が私を殺しに来るはずだと思っていました。その後も数年にわたって隠れた生活を続けました。

共産党から決別しておよそ一〇年が経ちます。この一〇年間、真面目に生きてきました。そして同時に、共産主義との戦いを行動でも（「タイム」誌編集者として）言論の世界でも続けてきたつもりです。今日この場で証言できることをうれしく思います。

ここに立つことで、私の名は世に知れてしまい、自由な人々の世界の中で（暗殺者に知られることなく）生きてきた私の努力は無駄になってしまうでしょう。それでも、アメリカ国民にソビエトの進めてきた秘密の、そして悪辣《あくらつ》なスパイ活動と、わが国民を奴隷化しようとする危ない勢力の存在を知らしめることが出来れば、私個人の犠牲などは安いものです。

ストリップリング：あなたの言うスパイ組織はどういった人物によって構成されていたのですか？

チェンバース：リー・プレスマン（注：米公務員組合法務顧問）、アルジャー・ヒス、ドナルド・ヒス（注：アルジャー・ヒスの弟、元国務次官補付アシスタント）、ビクター・パーロ、チャールズ・クレイマーです。[*2]

こうして、もう一人のスター級の大物（元）官僚アルジャー・ヒスの名が国民に知られることになった。

チェンバース証言の翌日（八月四日）、ムント議員が次のように発言した。

「本委員会での審議（証人尋問）を続けていくこととするが、ここで（当委員会に届けられた）二つの電報を読み上げたい。（中略）二つ目の電報は以下である」

「新聞記者諸君から知らされたのですが、貴委員会の場でウィッテカー・チェンバースなる男が私の名を（スパイとして）挙げたとのことです。私はチェンバース氏を知りませんし、会ったこともありません。彼の証言は全く根拠のないものです。本電報を貴委員会の記録として残すよう望みます。また、貴委員会の場で宣誓した上で証言する機会をいただけたら幸いです。アルジャー・ヒス」

ムント議員は、翌日の一〇時半にアルジャー・ヒスの宣誓証言を求めると発表した。[*3]

なお、チェンバースは質疑の中で、先に書いた国務次官補アドルフ・バールへの告白の顚末についても証言していた。[*4]

注

＊1：Robert Gabrick and Harvey Klehr, Communism, Espionage, and the Cold War, National Center for History in the Schools（University of California, LA), pp12–13.

＊2、3：同右、p8.

＊4：The Trials of Alger Hiss: An Account http://law2.umkc.edu/faculty/projects/ftrials/hiss/hissaccount.html

第五節　証言台に立つアルジャー・ヒス

この時期のヒスは、国務省を辞めカーネギー国際平和財団理事長に就任していた。国際連合を仕切ったスター官僚であったヒスは、鉄鋼王アンドリュー・カーネギーが創設した国際平和のための研究や交流事業を担う権威ある組織のトップとなっていた。それだけに、自身の名が「穢《けが》されたくない」感覚が強かった。エリート意識が強かったせいか、自ら望んで議会の証言台に立って身の潔白を訴える行動をとった。

翌八月五日、宣誓を終えるとヒスは次のように証言した（以下のやりとりは重要部分を抜粋したものである。全てのやりとりは注に示したサイトで確認できる）。[*1]委員会の傍聴席は埋め尽くされていた。

ヒス：私がここに来たのは、この委員会でのウィッテカー・チェンバースなる人物の私についての陳述を完全否定するためです。（中略）いかなる質問についても真摯に回答いたします。私は共産党メンバーになったことはありませんし、その教義に共鳴したこともありません。共産党フロント組織にも属したことはありません。（中略）私がウィッテカー・チェンバースなる男の名を聞いたのは一九四七年のことです。二人のＦＢＩ捜査員が何人かの名を挙げて、これらの人物を知っているかと尋ねたのです。その中には知り合いもいましたし、知らない人物もいました（注：その中の一人がチェンバースだった）。チェンバースなる男は知りませんし、会ったこともありません。

（中略）リー・プレスマンはハーバード大学の同窓です。農務省農業調整委員会の同僚でした。（中略）ビクター・パーロなる人物は知りません。チェンバース氏が私について語った証言は完全なる作り話です。（私が潔白であるのは）これまでの私の政府職員時代の経歴を見ていただければ歴然としていると思います」

これに続いて、ＨＵＡＣ委員による、連邦政府での職歴や交友についての質問が始まった。典型的なアイビーリーグ出身者らしいスーツに身を包んだヒスは、言葉を澱《よど》ませることなく答えていった。

ヒス：国務省への入省はたしか一九三六年九月でした。各種の業務をこなし、一九四七年一月に辞任しました。現在の職には昨年一二月に選任されました。
（F・エドワード・）ハーバート議員（ルイジアナ州、民主党）：あなたはジョン・フォスター・ダレス氏を知っていますか？
ヒス：知っています。彼は財団の評議員の一人です。
ムント：この件についてですが、理事長に推されている時点で、チェンバース氏が国務省の（アドルフ・）バール氏に、あなたが共産党員であると言っていたらしいことを知っていましたか？
ヒス：いいえ、知りませんでした。
ヒス：この証言の前に、私はチェンバース氏の証言記録にじっくりと目を通しました。
ムント：（チェンバース氏が名を挙げた）八人のうち、ヒス兄弟を除く六人は反政府活

非米活動委員会で証言するヒス（1948年8月5日）

動に関与していたことは間違いない。そうなると「タイム」誌の編集に携わっているような（しっかりとした）人物が、この六人に関連してあなた方兄弟の名を挙げた動機がわからない。
ヒス：私にもわかりません。いろいろ可能性としては考えられますが、私には理解できません。
ストリップリング：あなたはＦＢＩに自ら出頭し、供述書を取ってもらっていますね。
ヒス：一九四六年、ロンドンで国際連合の最初の総会がありました。そこから戻ると今の最高裁判事である（ジェイムズ・）バーンズ氏からオフィスに来るように言われました。当時バーンズ氏は国務長官で私の上司でした。長官は、数人の議員が、私が共産主義者であると発表しようとしていると教えてくれました。「これは極めて深刻な問題だ。全ての情報はＦＢＩから出ていると思う。議員たちはそこからのあらゆる情報を持っているだろう。君は自らＦＢＩに出頭して、調査に応じるべきだろう」との話がありました。
　私は執務室に戻ると、直ぐにエドガー・フーバーＦＢＩ長官にコンタクトしましたが、長官はワシントンにはいませんでした。ナンバー２が対応してくれました。それはタム氏（注：エドワード・タム副長官）だったと思います。彼のアポイントメントを取りました。（中略）私は、国務長官から聞いた内容を伝え、捜査に応じると申し出ました。
ストリップリング：そこでウィッテカー・チェンバースの名は出ましたか？
ヒス：いいえ。
ランキン：バーンズ長官にはいつ頃呼ばれたのですか？
ヒス：一九四六年の三月か四月です。
ムント：あなたに対してなぜチェンバースや同僚議員が告発していると考えますか？
ヒス：よくわかりません。私も、バーンズ長官同様に、全ての情報がＦＢＩから出ているのではないかと疑っています。その情報ソースは、チェンバース証言だけであるということです。彼がなぜ私の名前を出したか見当がつきません。
ストリップリング：あなたは（ワシントン郊外の）ジョージタウンに住んでいたことがありますか？
ヒス：ワシントン在勤時はほとんどジョージタウンに住んでいました。

ここでストリップリングは、先のチェンバースの証言を確認した。

〈チェンバース証言〉

ストリップリング：あなたは一九三七年に共産党から抜けた訳（抜けると決めた訳）ですが、そのときあなたがスパイとして挙げた人物に接触しましたか？

チェンバース：一人だけコンタクトしました。アルジャー・ヒスです。私は夜になってから彼の自宅に行きました。それはいささか危ない行為でしたが、彼は在宅でした。ヒス夫人は共産党員でしたから。

ムント：アルジャー・ヒス夫人が共産党員だった？

チェンバース：そうです。ドナルド・ヒス夫人ではありません。私が彼の家で話しているときに、彼女は電話をかけていました。おそらく他の共産党員と話していたのでしょう。私が急いで近づいていくと彼女は電話を切りました。（中略）私はヒス氏に党から離れるよう説得しました。彼は絶対に党から離れないと頑《かたく》なでした。私が（説得を諦めて）帰ろうとすると、彼は涙を流したのです。

（ジョン・）マクダウェル議員（ペンシルベニア州、共和党）：彼（ヒス）は泣いた？

チェンバース：そうです。私はヒスに好感を持っていました。
ムント：なぜ共産党から離れるのを拒むのかの理由を語ったでしょう？
チェンバース：党是だということでした。

そして、ストリップリングは再びヒスへの質問に戻った。

ストリップリング：さて、議長、チェンバース氏は数年前の調書の中で、ジョージタウンにあるヒス氏の自宅を訪問したと言っているのです。ところで、チェンバースという名前の人物が、あるいは違う名前でも良いですが、あなたの家を訪問し、証言のような会話があったのではないですか？
ヒス：ありません。
ムント：議長、二人の証言は真っ向から対立しています。チェンバース氏にはこの委員会でもう一度証言を求め、この問題にけりをつけるべきだと思いますが如何でしょう？
ニクソン：議長、二人の証人を公平に扱うとともに、彼に次回の証言を求める際には、二人が対峙できるようにしたらどうでしょうか。そうすればチェンバース氏の再証言が無駄に終わることもないでしょう。（中略）もしかしたら、人違いであるかもしれない。チェンバース氏の体形はかなり変わっている。その一方で、ヒス氏は体重も変わっておらず体形はそれほど変わっていない。（中略）もしチェンバース氏がヒス氏と直接に対峙することで、人違いをしているようであれば、それがはっきりするでしょう。

こうしてヒスとチェンバースは後日、直接「対決」することになった。

HUACのメンバーは、ヒスがスパイであったら、アメリカの国益は相当に毀損《きそん》されたはずだと疑った。そのことはこれに続いた質問で明らかである。この時点では、ヤルタ会談の内容は発表されていない。国務省が公式報告書を発表したのは、会談から一〇年も経過した一九五五年三月のことである。

秘密協定の一部はおよそ一年半前の一九四七年三月からメディアが報じ始めていた。[*2] HUACのメンバーの心に、FDR側近のヒスがソビエトのエージェントであれば、ヤルタ会談そのものが彼に操られたのではなかったか、また鳴り物入りで設立された国際連合の規約も、ヒスがソビエトに有利になるように取り計らったのではないかという強い疑念が湧いた。ヤルタ会談やサンフランシスコ会議でのヒスの関わりについての質問が矢継ぎ早に飛んだ。（抜粋）

ムント：あなたはヤルタ会談に参加していましたね？
ヒス：はい。
ムント：ヤルタ協定の文書作成にあなたは関与していましたか？
ヒス：ある程度はそうですと言った方が正確でしょう。
ムント：（国際連合の会議で）ロシアに計三票を与えることに関与しましたか？
ヒス：（サンフランシスコ）会議には参加し、そうした協議に関与していました。（しかし）私は（三票を与える）意思決定そのものには関わっていません。むしろそれに反対しました。
ムント：反対した？
ヒス：そうです。
ランキン：それではっきりさせておきましょう。あなたはヤルタでの合意に反対だった？

ヒス：ベラルーシとウクライナを加えた三票が欲しいというソビエトの要求には反対しました。しかしヤルタ協定全般については反対していません。（ヤルタでの）政治決着は、我が国の国益にも適《かな》っていたといまでも思っています。

ムント：ロシアに三票を与えることに反対したのは良しとしましょう。それでは、満州鉄道の支配権をロシアに与えた合意についてはあなたは関与していましたか？

ヒス：その件については私の関与する所でありませんでした。その合意があったことを知ったのは随分と後のことです。それは軍事マターだったので、参加しなかったのです。

ムント：マーシャル将軍が中国に出発する前の段階、つまり一九四五年一二月一五日、国務省は対中政策を発表しています。これについてのあなたの関与は？

ムント議員の言う国務省の対中政策については説明が必要だ。フーバー元大統領の『裏切られた自由』では次のように説明されている。

「十二月十五日、トルーマン大統領は中国政策について最も重要な声明を発表した。この声明は、彼自身の状況認識を基に作成されたとは思えない。この内容を裏で書いた陰謀を企む勢力があることは間違いない。

〈(我が国政府は) 国民党政府と中国共産党員との間の敵対関係は解消 (させなくてはならないと考える)。〉

〈……また、主要な政治勢力の代表による国内会議が開催され、国内の紛争を解消し、中国の統一を達成しなくてはならないと信じる。〉」

「〈……我が国が、中国の国内紛争 (の解決) に影響力を発揮するために軍事介入することはない。

……これが、当面の間、中国に我が陸海軍を配置しておく目的である。

我が国は現在の中国 (国民党) 政府が一党政権 (one-party government) であると認識している。この政府が幅広い政治勢力を代表するものになれば、中国の統一、民主化、そして和平が達成されるものと信じる。したがって、我が国政府は、主要政治勢力の代表を集めた国内会議の招集を強く求めるものである。それによって、そうした政治勢力には中国政府内で公正かつ効力を持つ代表権が与えられる。そのためには一党による〝訓政〟（political tutelage）が改められる必要がある。それが国家が民主政体へと昇華する道筋なのである。〉

〈中国共産党軍のような、政府のコントロールが利かない軍隊が存在し続ければ、中国の統一は不可能である。幅広い政治勢力を代表する政府ができれば、独立の共産党軍は不要になる。すべての軍隊は中国軍として一つになることができる。〉

大統領はこう述べると、この問題は中国自身で解決しなくてはならないとも付言した。その上で、統一政府ができればアメリカは経済援助を惜しまないと述べた。

一九四五年十一月二十七日、大統領はジョージ・マーシャル将軍（参謀総長）をハーレー（駐中国）大使の後任に指名した[*3]」

つまり、ムント議員の質問は、アメリカの対中政策立案過程においても、ヒスがソビエトの支援を受ける中国共産党に有利となるような働きかけを行ったのではないか、という疑いを示すものだった。

質問はさらに続いた。

ムント：あなたはソビエトに（安全保障理事会での）拒否権を付与するように影響力を発揮しましたか？
ヒス：しました。ただそれはわが政府の一致した考えでした。
ランキン：当時あなたは国益を考えて行動したのですか、それとも外国勢力の利益を念頭にしたのですか？
ヒス：わが国益、そして国際連合のためです。拒否権を与えることに同意しなければ、国際連合は設立できませんでした。我が国にとっても（拒否権付与でソビエトに妥協することが）有益なことでした。
ムント：議長として最後に一つ質問があります。あなたは国務省時代あるいはその前後の時期において、カール・アルド・マルザーニと会ったことがありますか？
ヒス：いいえ。
ムント：議長として委員会を代表してあなたが聴取に協力してくれたこと、そして率直に質問に答えてくれたことを感謝します。
ランキン：証人（ヒス）が証言を拒否しなかった（黙秘権を行使しなかった）ことを評価したいと思います。（宣誓証言下で虚偽証言をすれば）自身が罪を負うことになります。そうした状況のなかで（証言を拒否せず）弁護人も同席させず、アドバイスも求めなかった。そのことを諒としします。

ヒスの証人喚問は終了した。しかし、これはチェンバースとの対決の始まりであり、アメリカ外交の根幹を揺るがすドラマの序章だった。上記に書いたランキン議員の発言は、後日大きな意味を持ってくる。チェンバースとの対決の過程で、「宣誓証言下での偽証」が明らかになるからである。ヒスが有罪になる過程は後述する。次節では、その前に、ヒス証言に続いたハリー・ホワイトの証言を扱うことにする。

なおムント議員の最後の質問に出たカール・アルド・マルザーニについてだが、彼は共産党員であることを隠し、OSSを経て国務省職員となった人物である。日米戦争が始まってしばらくたった一九四二年四月一八日、B25爆撃機一六機が飛来し、東京を中心に日本各地を爆撃した（ドーリットル空襲）。空襲のターゲット選定に関与したのがマルザーニである。ムント議員は、対日外交においても、ヒスがソビエトに有利になる政策を進めたのではないかと疑ったことを示唆する質問だった。

注
＊1：Douglas O. Linder, Famous Trials: Testimony of Alger Hiss before the House Committee on Un-American Activities
http://famous-trials.com/algerhiss/655-8-5testimony
＊2：『裏切られた自由（下）』二一〇頁。
＊3：同右、三〇四〜三〇五頁。

第六節　追いつめられたホワイトの不可解な死

先に書いたエリザベス・ベントリーとチェンバースの証言の中に、次のような発言があった。

ベントリー：ハリー・デキスター・ホワイト、彼は財務省次官で金融調査部門の責任者だったと思います。彼がメンバーカードを持つ共産党員だったかはわかりません。彼は、盗んだ情報をシルバーマスターに渡し、私はシルバーマスターからそれを受け取ったのです。

HUACで宣誓するハリー・ホワイト（1948年8月13日）

チェンバース：私が名を挙げた連中は（連邦政府の）エリート職員です。彼らは優秀でした。中には高位の役職を得たものもいます。その典型が、ホワイト氏とヒス氏です。二人の政府内の役職とその職務内容は、共産党にとって極めて役に立つものでした。[*1]

この証言を聞いたホワイトは、ヒス同様に、HUACの証人喚問に応じ、自ら汚名を雪《そそ》ぐことを決めた。ホワイトは自身の能力に自信があった。ブレトンウッズ会議では、世界的経済学者ジョン・メイナード・ケインズと互角に渡り合った。同会議では、より重要なIMF創設を担った。重要性の劣る世界銀行を担当したケインズよりも「偉かった」と思っていた。経歴にも誇りがあった。第一次世界大戦で戦い、復員後はコロンビア、スタンフォード、そしてハーバード大学に学んだ。私生活でも酒はたしなむ程度、妻は人気ある児童書の作家だった。ホワイトは、FDR政権の中で一番の「切れ者」は自分だと考えた。上司のモーゲンソー長官よりも外交トップのコーデル・ハル長官よりも、そしてもちろんFDRよりも圧倒的に知的に優れている(far more intelligent)という自負があった。[*2]

その過剰な自信ゆえに、HUACのメンバー議員をも見下していた。委員長のパーネル・トーマスには、この月の初め頃から汚職容疑が報じられていた(後に起訴され有罪)。ジョン・ランキン議員は、極端な人種差別主義者だった。「要するに(市民権を持っていようがいまいが)ジャップはジャップだ(A Jap is a Jap)」と主張し、FDR政権の日系移民強制収容政策を支持した。カール・ムント議員はコロンビア大学出のインテリだが、その人生の大半は高校教師だった。ジョン・マクダウェル議員は勝ったり負けたりの、選挙に弱い一議員に過ぎず、リチャード・ニクソンは、カリフォルニアからやって来たばかりの新人議員(一九四七年一月から)だった。「ホワイトは、自分が(HUAC)メンバー議員の誰よりも頭が良いことを知っていた」[*3]のである。

八月一三日の証人尋問は、「本委員会がこのような機会を与えてくれたことに感謝します。私はエリザベス・ベントリーおよびウィッテカー・チェンバースなる二人の人物が私を批難していることを新聞で知りました。真実を知らせることが、当委員会だけでなく国民にとっても重要と考えますので、議員のいかなる質問にも真摯に答えます」というホワイトの陳述で始まった。続いて、信仰、言論、思想、出版、居住地選択などの自由の重要性を訴え席に着いた。その場面では議場から拍手が沸くほどだった。[*4]

HUACでの質疑は次のようなものであった（抜粋）。[*5]

ストリップリング：あなたは何度くらいネイサン・グレゴリー・シルバーマスターの家に行ったことがありますか？

ホワイト：六回前後です。

ストリップリング：シルバーマスター氏の邸は三〇番通り五五一五番ですが、その家の地下室に入ったことがありますか？

この質問に対するホワイトの回答は怪しいものだった。

ホワイト：彼らも、その質問をしました。（ラフリン・）カリーについても聞かれました（カリーはシルバーマスターグループの一員で、FDRの経済担当補佐官）。

議長：彼らとは誰ですか？

ホワイト：大陪審です（注：大陪審は検察が起訴するかしないかを一般市民に決定させるアメリカ司法特有の機関。大陪審は捜査の手続きの一部で裁判そのものではない。FBIがそれまでに調べ上げた証拠をベースにホワイトを起訴できるか大陪審で争っていた）。その質問が出ると思っていましたので（先走って言ってしまいました）。ええ、確かに地下室に降りたことはあります。そこでパーティーがありました。私はそこでピンポンをしたことが何回かあります。

議長：ちょっと待ってください。「ひどい心臓発作を起こしました。証人喚問では一時間毎に五分から一〇分の休みを戴きたい」と委員会に要望していますね？

ホワイト：発作は去年起きました。ピンポンで遊んだのは相当前のことです。

ストリップリング：シルバーマスターの地下室で写真現像機材を見ませんでしたか？

ホワイト：見た覚えはありません。（中略）しかし、（ウィリアム）ウルマンには写真の趣味がありました。彼はプロが撮ったような写真を持っていました。（中略）一九四二年あるいは四三年頃、シルバーマスターが戦争経済局（Board of Economic Warfare：BEW）を辞めるよう求められている、と悩みを打ち明けてきました。理由は共産党員の疑いがかかっているからというものでした。私には彼が共産党員とはとても思えませんでした。彼は優秀なエコノミストで、私は多くの場面で彼と議論を重ねたものです。（中略）私は彼の弁明書を読んで共産党員でないことを確信し、ハーバート・ガストン財務次官補に面会を求めました。（中略）私はこの件について調査を求めました。後日ガストン氏から、「疑いは晴れた」と聞きました。

この後も、議員からはシルバーマスターグループに属しているとされるメンバーのほとんどが、財務省で働きホワイトの部下であったことを指摘する質疑があった。質問は続いた。

ニクソン：彼（チェンバース）は、自身は共産党活動を離れると決め、あなたにもそうするように勧めたと証言している。

ホワイト：記憶にありません。そんなことを言われれば忘れないはずです。

議長：シルバーマスターはあなたに国家機密に関わる情報を要求しませんでしたか？
ホワイト：ノー、ノー、そんなことはありませんでした。私たちはドイツとの戦争の可能性などで議論したことはあります。経済問題についても幅広く話し合ったりもしました。彼が機密情報を私に要求したことは記憶にありません。
議長：ホワイトさん、当委員会でスパイ容疑のかかっている人物の九人から一〇人はあなたのいた財務省の職員だった。その上（他の省庁勤務の）二人はあなたの友人であり、その内の一人とは昵懇《じっこん》だった。このことをどう説明しますか？
ホワイト：けっしておかしなことではありません。財務省はワシントンでは経済案件を扱う最大の官庁です。優れたエコノミストが働ける場は二つです。一つは財務省、もう一つがFRB（連邦準備制度理事会）です。当時の財務省は組織が急速に膨らんでいました。（中略）我々には優秀なエコノミストが必要でした。私は知り合いにコンタクトしてそうしたエコノミストを紹介してもらいました。「頼むから最高レベルのエコノミストをこちらによこしてくれないか」と依頼しました。そうしてやって来たものを私が選考した上で採用したのです。
マクダウェル：あなたはパーロ氏、ウルマン氏、（ジョージ・）シルバーマン氏、シルバーマスター氏、そしてクレイマー氏を知っていると証言しました。（中略）こうした人物が、仮にですが、全てスパイ組織の一員であるということになれば、あなたのこれまでの経歴（評判）はかなり変わってくると思いませんか?
ホワイト：わが政府に背《そむ》くようなことをしていたものと親しくしていたということになれば、当然に私の益にはならないでしょう。

こうしてホワイトの喚問は終わった。HUAC委員会を後にするホワイトは、入室の時とは打って変わって意気消沈していた。冒頭陳述で拍手を浴びたことが嘘のようであった。最高の頭脳を持った自分が、見下していた「馬鹿野郎」議員にやり込められたのである。自ら望んだ証人喚問は最悪のパフォーマンスで終わった。

「委員会（HUAC）は、彼が国家反逆者であると理解した。少なくとも委員会はそうであることが間違いないとの根拠をもった。ただ、その時点ではまだ『ホワイトがアメリカ史上最悪の反逆者』であるとまではわかっていなかった。彼こそが（ハルノートの起草で）日本を刺激し、戦争準備の出来ていない我が国を奇襲攻撃（真珠湾攻撃）させたのであり、ドイツの工業力をソビエトにほとんど与えてしまったのである。
委員会はまだそこまでは知らなかった[*6]」

ワシントンから自宅農場があるニューハンプシャーまでの列車のなかで、ホワイトは沈み込んだ。これから司法の捜査が始まることは確実に思えた。チェンバースとの直接対決は時間の問題であった。

その上、彼は既に自身の後ろ盾を失っていた。FDRは既に亡く、トルーマンに嫌われたモーゲンソーは閣外に去っていた。ドイツ復讐計画（モーゲンソープラン）は、マーシャルプランに取って代わられ、アメリカの戦後外交は反独（ドイツへの復讐）から反ソ（反共）に切り替わっていた。同情はどこからも期待できなかった。国家反逆罪で起訴される一歩手前にいることをはっきりと悟った。

ホワイトは自宅に戻る列車の中で、既に体の変調をきたしていた。胸に痛みが走り、視界が歪《ゆが》んだ。翌日、かかりつけの老開業医ジョージ・S・エマーソンの診察を受けた。ホワイトが自宅で死んだのはその二日後（八月一六日）のことであった。エマーソン医師も家族も、HUACでの屈辱がホワイトをどれほど落ち込ませていたか知らなかった。エマーソン医師は次のように書いている。

「彼はワシントンでのことは一切語らなかったし私も知らなかった。（中略）自殺ではないかと疑うものがあるがそんなことはない。（強心薬の）ジギタリスの過剰摂取とも思えない」

エマーソン医師は死因を心臓発作によるものとした。

ジギタリスは古来から知られている強心薬で、「キツネノテブクロ」と呼ばれるオオバコ科の植物から抽出する。大量に摂取すれば、頭痛、眩暈《めまい》、視野狭窄《きょうさく》、不整脈などが起き、死に至ることもある。ホワイトが、処方されていたジギタリスを過剰摂取（自殺）した疑いは濃厚だが確定はできない。いずれにせよ心臓疾患が原因の死であった。ユダヤ教は自殺を嫌う。そのこともあってか、葬儀は手早く営まれ火葬された。わずか三五人の列席者であった。[*7]

注
*1：*Operation Snow*, pp173–174.
*2：同右、p174.
*3：同右、p175.
*4：同右、p178.
*5：同右、pp176–202.
*6：同右、p204.
*7：同右、pp205–207.

第七節　ヒスとチェンバースの対決

ホワイトへの嫌疑は、その突然の死でこれ以上追及できなくなったが、彼がスパイであったことはヴェノナ文書によって確実となっている。ホワイトがアメリカ外交を大きく歪《ゆが》めたことに鑑《かんが》みれば、そのまま生きていれば、激しいバッシングがあったに違いなかった。自死（不自然な死）を選んだホワイトとは対照的に、ヒスはチェンバースとの対決を望んだ。

ＨＵＡＣは八月五日のヒス証言の信憑性《しんぴょうせい》を疑い始めていた。なかでも怪しんだのはリチャード・ニクソン議員であった。アイビーリーグ出身の出自を誇らしげに見せつけ、東部エスタブリッシュメントの見本のように振る舞うヒスを嫌った。[*1] ニクソンの父は小さなガソリンスタンドのオーナーだった。

彼はチェンバースとヒスのどちらが「嘘つき」であるかを、二人を対決させることではっきりさせる必要があると考えた。しかし、単純に対決させるだけでは水掛け論になる。ニクソンは、直接対決を前にしての調査を継続する、ＨＵＡＣが設けた小委員会を任された。ニクソンが、チェンバースを再喚問したのは八月七日のことだった。チェンバースはニューヨーク連邦地裁の一室で証言した。この日の聴取は非公開（executive session）だった。

ニクソンの質問は、チェンバースがヒスをどれだけ知っているかに集中した。「ヒスのことが好きだったからこそ共産党からの脱退を強く勧めた」というチェンバースの証言が事実であれば、チェンバースは相当程度にヒスの「個人情報」に詳しいはずである。

ニクソンは、ヒスのニックネーム、言葉や仕草に見られる癖（mannerisms）、ペット、邸の間取り、おかれていた家具などについて尋ねた。ニクソン議員はヒスの趣味についても聞いた。チェンバースの答えは次のようなものだった。

「二人（ヒスと妻プリシラ）とも同じ趣味でした。素人鳥類学者ばりでバードウオッチングを楽しんでいました。二人は度々朝早くにグレンエコー（ポトマック河畔の自然公園）に出かけ、野鳥を観察していました」

「ある時二人は、（珍しい野鳥である）オウゴンアメリカムシクイを見たと言って興奮していました」

八月一六日、小委員会はヒスを喚問した。これも非公開だった。本当にチェンバースという男を知らないのか。その点に委員の質問が集中した。ヒスは、ここではそれまでの証言を若干修正している。「一九三〇年代半ば、フリージャーナリストのジョージ・クロスリーという男が軍需産業に関する情報を取りに訪ねて来た。その男の本名がチェンバースかも知れない。歯並びがひどく悪い男だった」と語ったのである。

ニクソン議員が趣味について尋ねた。

ニクソン：何か趣味があれば教えてください。

ヒス：テニスと鳥の観察が好きです。

マクダウェル議員が間髪を入れず質問した。

マクダウェル：それではオウゴンアメリカムシクイを見たことがありませんか？

ヒス：ええ、あります。ポトマック河畔で見ました。（オウゴンアメリカムシクイを観察できる場所を）ご存知なのですか？

ヒアリングを終えた小委員会のメンバーはヒスが「嘘つき」であることを確信した。翌一七日に二人は再度呼ばれた。これも非公開の喚問だった。この日が「初めて」の対面だった。ニクソン議員は、「この人物に会ったことはありませんか」とヒスに聞いた。ヒスはチェンバースに口を開いて歯を見せてくれるように頼んだ。「ジョージ・クロスリーさんですね」とのヒスの言葉に、チェンバースは、「違います。あなたはヒスさんですよね」と返した。ヒスが「この男はクロスリーに間違いない」と主張したまま、この日の喚問は終了した。
八月二五日、二人はＨＵＡＣでの公開「対決」に臨んだ。アメリカ史上初めてテレビカメラが議会に入った。この日の議員のヒスへの質問には棘があった。午後の質疑ではチェンバースが次のように発言した。

「彼（ヒス）は、言って見れば共産主義にロマンを見た男です。今我々は隠れた敵（共産主義者）と戦っています。もちろん私も戦っています」

八月二七日、ＨＵＡＣは報告書を発表した。チェンバース証言は、「率直で断固とした」ものであるとする一方で、ヒスの証言は、「曖昧《あいまい》で焦点をぼかそうとする」ものだったと書かれていた。ヒスはこれに納得しなかった。一四ページの反論書を提出し、ＨＵＡＣの調査は議会の権威を悪用した権力の濫用である、適当に目を付けた人間に根拠のない難癖《なんくせ》をつけているだけだ、と激しく抗議した。

注

＊1：本節の内容はThe Trials of Alger Hiss: An Accountによる。

第八節　カボチャの中のマイクロフィルム

ニクソン議員はヒスがスパイであることを確信していた。ただ、政治的観点から、ヒスの締め上げには十分な注意が必要であった。何といってもヒスは、国際連合設立に貢献したアメリカ外交のトップに立った官僚だった。彼を擁護するものも多かった。新人議員のニクソンが不注意にヒスを追及すれば、返り討ちにあう可能性は十分に考えられた。

ニクソンは周到だった。チェンバースの非公開喚問から暫くたった八月一一日、マンハッタンにあるルーズベルトホテルで三人の人物と会った。ダレス兄弟（ジョン、アレン）と、ダグラス・ディロン（投資銀行ディロン・リード）である。[＊1] ジョンは、ヒスが証言したように、カーネギー国際平和財団の評議員の一人である。サンフランシスコではヒスと共に国際連合設立の労を取った。その弟アレンは後のCIA長官となる諜報の専門家だった。ディロンは、第一次大戦後のドイツに投資し、ドイツ再興のための資金を融通した国際投資のプロだった。ドイツへの融資にあたっての複雑な国際法務をこなしたのはジョン・ダレスだった。

ジョンは、ドイツが好きだった。所属する国際法務事務所（サリバン&クロムウェル）が、台頭するナチズムを警戒し同国市場からの撤退を決めた会議では、一人反対した（一九三五年夏）。[*2] ナチズムは共産主義よりも危険だとのプロパガンダに染まったが、戦後になって共産主義思想の危険性を、『レーニン主義の諸問題』を読みこむことでようやく理解した。この時期のジョンは、「ナチズムよりも共産主義思想がより危険である。アメリカはヨーロッパのごたごたに介入せず二人の怪物（スターリンとヒトラー）を思う存分戦わせ、両国が弱体化した時点で仲介に入るような外交をすべきだ」と主張したハーバート・フーバーや、ネヴィル・チェンバレンらのロジックが正しかったかもしれないと臍《ほぞ》をかんでいたに違いなかった。

そうした時期に、個人的にも良く知る国務省を代表する高官がソビエトのスパイである可能性が高くなった。ジョンらはニクソンの調査に喜んで協力したいと思ったはずである。この時、四人が何を話したかよくわかっていない。そのほとんどがホワイトの処遇についての協議であったらしいが、[*3] ヒスについても話し合われたと思われる。ニクソン議員は、HUACによる調査状況と、今後の方針について説明し、三人に助言（政治的なアドバイス）を求めたのではなかったか。民主党からのＨＵＡＣに対する反撃は予想されていた。この時、三人はニクソンに全面的協力を申し出たのではないかと筆者は考えている。

ＨＵＡＣの調査は八月二七日の報告書で一段落した感があった。司法も、これまでに出た証拠ではスパイ罪、あるいは偽証罪での起訴が出来るか判断できなかった。特にヒスのスパイ行為は一〇年以上も前のことであり、当時の時効期間五年をとうに過ぎていた。五年以内のスパイ行為の証拠はまだ出ていなかった（注：但し、アレン・ダレスは当時極秘であったヴェノナプロジェクトで収集された、ヒスがスパイであることを示す情報にアクセス出来ていた可能性はある。そうであったとしても、ヴェノナプロジェクトを通じて得られた情報は極秘であり公開できなかった）。[*4]

事態が動いたのは、一〇月八日のことだった。ヒスがチェンバースを名誉棄損で訴えたのである。チェンバースは、ＨＵＡＣ報告書の出た日（八月二七日）、あるラジオ番組（「Meet the Press」）に出演し、「ヒスは共産主義者である」と語っていた。議会内の発言には免責条項が適用されるが、ラジオ発言には適用されない。ヒスは、バルチモアで七万五〇〇〇ドルを求める訴訟を起こした。[*5]

米国の民事訴訟システムは日本とは違う。裁判所が訴状を受理すると、原告被告双方の代理人が「疑似捜査権」をもって互いに証拠を請求し、証人を尋問するのである。このプロセスでは裁判所は関与しない。この間に和解が成立することもあるが、そうでない場合は訴訟代理人(弁護士)が集めた証拠、証言を裁判所に提出する。その段階になって初めて、裁判所が能動的に関与する裁判が始まるのである。

「疑似捜査」を担保させるために二つの手続きが認められている。一つは証人喚問であり、もう一つは証拠開示請求である。前者は文字通り重要な人物に証言を求めるプロセスであり、ほとんどの場合、原告や被告も相手側代理人からの尋問に晒される。後者は互いに訴訟遂行上必要となる証拠を相手側に請求する手続きである。例えば、仮に不倫を根拠にした離婚訴訟であれば、離婚を求める側が相手側にクレジットカードの記録や電話の交信記録を求めることができる。特別な理由なく提出を拒めば、その後裁判に進んだ場合に極端に不利になる。

ヒスの代理人ウィリアム・マーベリーは、チェンバースが信用ならない人物であることを陪審員に印象付ける訴訟戦術をとることにした。彼はそれを証明する証拠を探した。マーベリーは、チェンバースがかつて精神を病んでいたこと、同性愛者であったことを突き止めた。

またマーベリーは、チェンバースがヒスと親しかったのであれば、ヒスあるいはその家族が書いた手紙やカードといった文書を持っているはずだと主張し、それを提出するよう請求した（証拠開示請求）。[*6] チェンバースは、そのような文書の存在についてはＨＵＡＣ喚問の際には一切口にしていなかった。マーベリーは、何も出てこないことを見込んで証拠開示を求めたのである。

ところがチェンバースはそうした文書を持っていた。証拠開示請求を受けた彼は、バルチモアに住む縁戚の家に密かに隠していたヒス自身の書いたメモ六通と六五通の国務省文書を、自身の代理人を通じて提出したのである。国務省文書には一九三八年一月から四月までの日付があった。

原告側の大誤算であった。これで名誉棄損は成立しないことがほぼ確実になった。それだけではなく、チェンバースが提出した証拠が、先のＨＵＡＣでのヒス証言（チェンバースと会ったことはない）が偽証であることを示す物証となる可能性が出てきたのである。チェンバースの提出した文書は、ヒスがスパイである（だった）ことを確実にするものだった。

ＨＵＡＣもこの証拠に驚いた。チェンバースは、「ＨＵＡＣに対してこれまでこのこと

農場のカボチャにマイクロフィルムが隠されていた

を話さなかったのは、親友であったヒスを庇《かば》いたかったからだった」と言い訳した。[*7] この釈明はそれまでのチェンバース証言と矛盾しない。

驚いたことに、チェンバースはHUACにまだ証拠を持っていると語った。自宅農場に、中をくり抜いて空洞にしたカボチャがあり、そこにマイクロフィルムを隠してあると明かしたのである。一二月二日、HUACの調査員二人がチェンバースに案内されて農場に向かうと、確かにくり抜かれたカボチャがあり、その中から五つのマイクロフィルムが見つかった。そこには、国務省、海軍省の機密文書が写っていた。[*8]

ヒスにとっては予想もしない展開であった。名誉棄損で訴えるどころか、自身がスパイであるらしいことが白日の下に晒された。幸いその罪は時効で問われない可能性が高いが、彼の名声は地に落ちる。HUACでの証言が偽証罪に問われる可能性も出てきた。実際、事態はその通りに進んだ。

偽証を問う裁判が始まったのは一九四九年三月三一日のことであった（第一回公判）。ヒスは、杉綾模様のグレイのスーツに身を包み、青いネクタイにつば広帽子で現れた。弁護側（ヒス代理人）は、チェンバースのキャラクターに焦点をあてて、いかに彼が信用できない人物であるかを陪審員に訴える戦術をとった。そうすることでチェンバースの証言や証拠は信用するにたらないと印象付ける作戦だった。

コロンビア大学時代にチェンバースが創作した劇が極めて「非キリスト教」的だったこと、かつてニューオーリンズで「片目のアニー」と呼ばれる娼婦と暮らしたこと（チェンバースはこれを否定）、同性愛の癖があることを陪審員に明かした。

検察側が用意した証人の発言は直接的でかつ具体的だった。かつてヒスの秘書だったユーニス・リンカーンは、「ヒスは書類を自宅に持ち帰り仕事をしていた」と語り、国務省のウォルター・アンダーソンはマイクロフィルムに写された書類が重要なもの（国家機密性の高いもの）であると説明した。FBI科学研究所員のラモス・フィーハムは、フィルムに写っている書類は、当時国務省が使っていたウッドストック社製のタイプライターで打たれたものだと証言した。

裁判は圧倒的にヒス不利で進んだ。しかし陪審員の中にはヒスの無実を信じきっているものがいた。提示された証拠や証言にかかわらず、その考えを変えようとしなかった。アメリカの陪審裁判では、長い時間をかけてでも提示された証拠と証言にもとづいて陪審員全員の考えが一致するまで協議を重ね、その上で有罪か無罪かを決める。どうしても意見の一致を見ない場合は、陪審員を総入れ替えした上で裁判そのものがやり直される(hung jury: 評決不能陪審)。結局この裁判は評決不能となった。

第二回裁判の評決が出たのは一九五〇年一月二〇日午後のことであった。「われわれ陪審員は、被告のHUACおよび大陪審での証言はともに偽証であり、有罪と認める」と陪審員代表が読み上げた。それをヒスは隣に座る妻とともに静かに聞いていた。陪審は有罪か無罪かを決めるだけである。有罪の場合、その量刑は裁判長が決める。五日後、裁判長は禁固五年を言い渡した。偽証罪では最長の刑期であった。[*9]

ヒスは最高裁に上訴したが、退けられ刑が確定した。刑確定の前年(一九四九年)には二つの大きな事件が起きていた。ソビエトが最初の核実験を成功させ(八月二九日)、中国には共産党政権が樹立された(一〇月一日)。

ヒスは、四四カ月服役したところで模範囚として釈放となった。ヒスはその後も無罪を訴え続け一九九六年一一月一五日、九二歳で死去した。
チェンバースは一九六一年に心臓疾患で亡くなっていた（六〇歳）。レーガン大統領は彼の死後、大統領自由勲章を授与し（一九八四年）、くり抜いたカボチャを隠した農場を歴史建造物に指定した（一九八八年）。[*10]
リチャード・ニクソン議員はＨＵＡＣでの活躍をきっかけにして上院に鞍替《くらが》えし（一九五〇年）、アイゼンハワー政権（一九五三～六一年）では副大統領に指名された。同政権の国務長官はジョン・ダレスであり、ＣＩＡ長官はアレン・ダレスであった。アイゼンハワー政権は徹底したソビエト封じ込め政策（ダレス外交）を取った。

注

＊1、3、4：Peter Dale Scott, The Dulles Brothers, Harry Dexter White, Alger Hiss, and the Fate of the Private Pre-War International Banking System, The Asia-Pacific Journal, April 20, 2014

＊2：『ダレス兄弟』九八～一〇〇頁。

＊5：Robert G. Whalen, Hiss and Chambers: Strange Story of Two Men, New York Times, December 12, 1948

＊6、7、8、9：The Trials of Alger Hiss: An Account
＊10：Janny Scott, Alger Hiss, Division Icon of the Cold War, Dies at 92, New York Times, Nov. 16, 1996

終章　「戦勝国」アメリカの敗北

第一節　ベルリン分割

首都ベルリンはソビエト占領地域にあったが、連合国四カ国（米英ソ仏）に分割され占領管理された（次頁の地図を参照）。つまり広大なソビエト占領地域内に浮島のように浮かぶ特殊な存在であった。ドイツ占領政策については、ヤルタ会談（一九四五年二月）及びポツダム会談（同年七～八月）を通じて連合国間の合意が出来上がっていた。占領の期限は、「全ての改革が終わり（連合国が満足できる）憲法が制定され、（連合国管理下での）選挙が終わるまで」と決まっていた[*1]（傍点筆者）。

ここでいう改革とは、一切のナチス的な組織や思想の排除、戦争犯罪人の処罰、ドイツの農業国化政策（モーゲンソープラン）の実施を意味した。その上で、ドイツは一つの経済ユニットとしての存在が許されることになっていた。

一九四五年六月五日、ベルリンに連合国四カ国の軍司令官[*2]が集まり、ドイツ全体の占領政策に関わる公式声明を発表した。七月四日、西ベルリンに西側連合国軍の駐屯が完了した。七月三〇日にはベルリンを担当する地域司令官ルシアス・クレイ（米）、ブライア

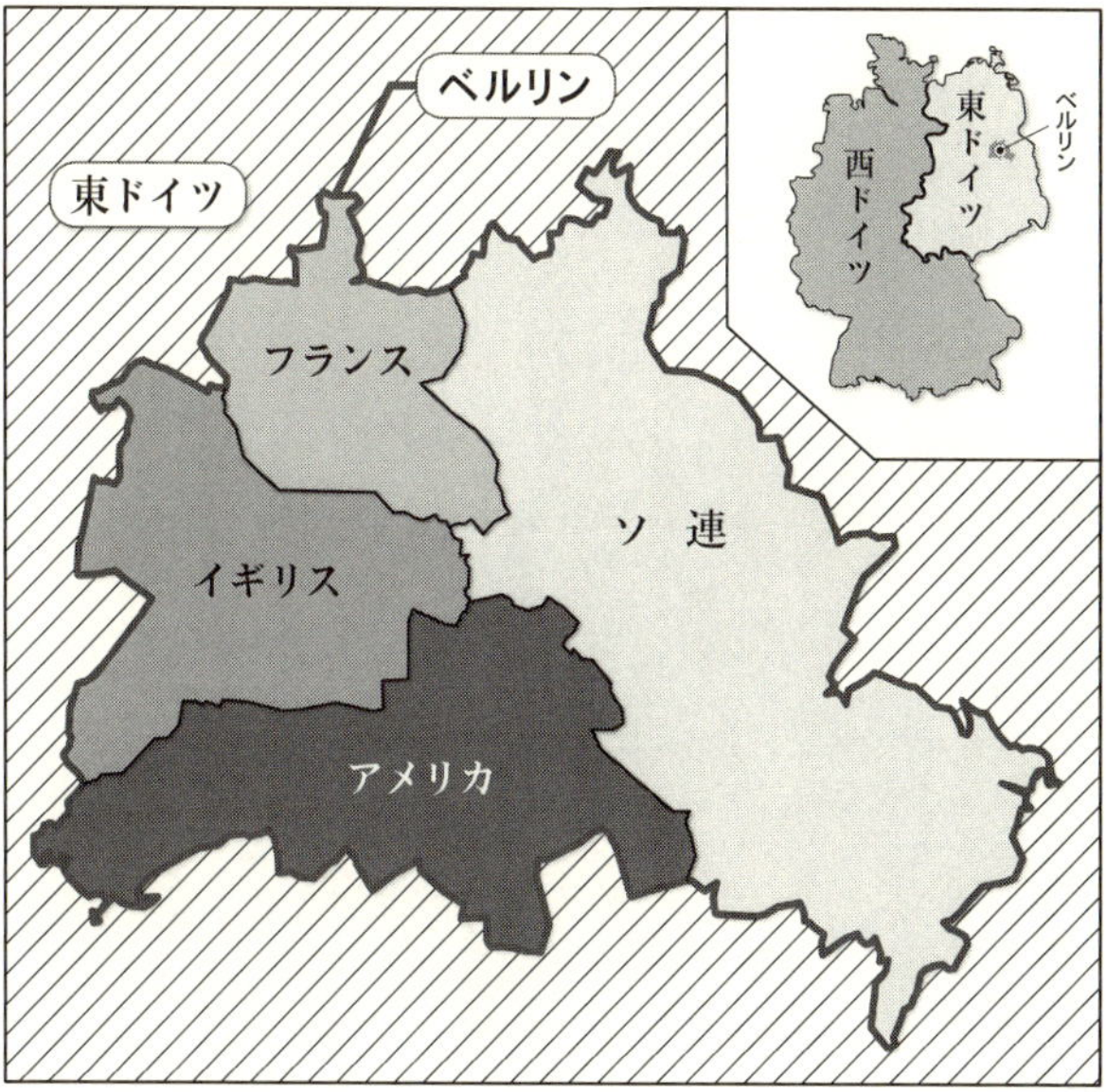

ベルリンの分割統治

ン・ロバートソン（英）、ヴァシリー・ソコロフスキー（ソ）、ピエール・コエニグ（仏）が顔をそろえ、連合国管理理事会（Allied Control Council）を発足させた。[*3]

住宅の七〇%が破壊されたベルリンには二八〇万（戦前は四六〇万）の住人がいた。従前からの住民に周辺各国、あるいは旧ドイツ領からの避難民を合わせた数字である。市内の下水道設備の全てが機能不全となり、チフス、赤痢などの疫病が蔓延《まんえん》していた。ベルリンに入ったクレイ将軍はその惨状を目の当たりにした。

「ベルリンは死が支配する町（a city of the dead）だった。戦いに勝利した歓喜の情は忽《たちま》ちに失せた。人間がここまで墜ちるのかという感情が湧いた」[*4]

ベルリン陥落から、西側連合国軍がベルリンの占領管理地区に入るまでにおよそ二カ月のギャップがあった。ソビエト軍はその間に略奪、暴行、強姦などの「復讐」行為に走っていた。西側占領軍の関心は市内の治安維持とGIの管理にあった。先に書いたように兵士たちは、女を求め、煙草を売って懐を温めることに狂奔《きようほん》していた。その結果、西部ドイツからベルリンへのアクセス権についての取り決めが、ソビエトとの間に出来なかった。西側占領地域からベルリンに入るには、当然、ソビエト占領地域を通過しなくてはならない。連合国の一員であるソビエトがそれを妨害するなどというシナリオはなかったし、占領はいずれ終わり、ドイツは一部領土を失ったとはいえ、認められた領土の中で統一される予定であった。ベルリンへのアクセスに関わる協議など不要のはずだったのである。

ソビエトには独自のドイツ占領方針があった。ドイツを二度と軍事強国にしないことが最重要課題だった。それはホワイトの活躍でモーゲンソープランとして実現されていた。「農業国」ドイツに親ソビエト政権を構築できれば、ソビエトの安全保障は盤石になる。

二つ目は、可能な限りドイツから賠償を得ることであった。占領地域からあらゆる機械類や工業資材をソビエトに搬出し、ドイツ人捕虜を強制労働に就かせることでそれを実現させていた。占領地域にいた科学者や熟練技術者をソビエトに連行したりもした。スキルの無い捕虜は強制労働に従事させた。国際法に反するこうした行為を、チャーチルもＦＤＲも了解していた。

スターリンは、連合国の公式占領目的（ナチズムを排除した民主国家ドイツの創生）などには関心はなかった。民主的な選挙が実施されたら、ソビエトに友好的な政権など生まれるはずがないことはわかっていた。まず、分割占領した東部ドイツを共産化する（共産党政権の樹立）ことが第一歩であった。

スターリンは、一九四五年六月四日、ドイツ人共産主義者に対して、「ドイツは二つに分断される」と予告していた。[*5] その上で、米軍がヨーロッパから撤兵した段階で米英仏占領地域も共産化させる目論見《もくろみ》だった。ソビエトの西方侵出を抑止できる国はアメリカ一国であり、英仏にはその力はないことをわかった上での発言だった。共産化した統一ドイツ

(親ソ的統一ドイツ)こそがスターリンの究極の狙いだった。[*6]

言わずもがなであるが、スターリンにとって、首都ベルリンに駐留する米英仏連合国軍は目障《めざわ》りだった。スターリンは、ベルリンへのアクセスについての正式合意が存在しないことに気付いた。彼は、連合国軍がベルリンにアクセスできるのは、ソビエトがそれを許しているにすぎない、従ってそれが気に入らなければいつでも禁止できると解釈した。西側との対立があれば交渉の切り札にできそうであった。

ただ、連合国管理理事会は、空路については協議しており、合意文書があった。アクセス権の協議が空路だけはなされていたのは、空での不測の事態を避けるための交通整理(空路の相互確認)の必要があったからであろう。英米仏三国は、ハンブルク、ハノーヴァー、フランクフルト、ワルシャワ、プラハ、コペンハーゲンからのアクセス空路を要求した。ソビエトは高度や空路幅に条件を付けた上で、ハンブルク、ハノーヴァー、フランクフルトの三都市からのアクセスを容認した(一九四五年一一月三〇日協定)。[*7]

ベルリン占領地域での食糧自給率は二%であった。従って、もしソビエトが「意地悪」をすると決めればベルリンは忽ちに干上がってしまう。実際それ(ベルリン封鎖、一九四八年六月:後述)が起きたとき、幸いにも上記の空路協定の存在が西側の救いとなった。

注

＊1：Roger G. Miller, To Save a City, Air Force History and Museum Program, 1998, p1.
＊2：米：Dwight D. Eisenhower、英：Bernard L. Montgomery、ソ：Georgi Zhukov、仏：Jean de Lattre de Tassigny
＊3：To Save a City, p2.
＊4：同右、p3.
＊5、6：同右、p6.
＊7：同右、pp3–4.

第二節　ジョージ・ケナンのソビエト分析

トルーマン大統領が、ホワイトがスパイであるらしいことを知らされたのは一九四六年二月四日だったことは先に書いた。この頃、駐モスクワ大使館のジョージ・ケナンから意見書が届いた。彼は対ソ外交のプロでありロシア語にも堪能で、ハリマン大使の補佐役として一九四四年から赴任していた国務省プロパーの外交官であった。ケナンは、国務省が一九二六年に東欧部を新設した際の第一期生八名の一人だった。国務省は若手外交官をヨーロッパに赴任させ、ロシア語を学ばせた。語学研修を終えた新人外交官は、ソビエトと国境を接するバルト諸国に赴任し、ソビエト情勢を分析した。FDRがソビエトを国家として承認する一九三三年一一月まで、そうしたやり方が続いた。

ケナンは、自身の収集した情報分析を通じて、ソビエトと資本主義国家の共存は不可能であるとの結論を早々に導きだしていた。そのことは、友人宛の手紙で明らかだった。

「ソビエトロシアの現在の体制は、われわれの伝統的システムとは対極にあり、それは変わることのない性格のものである。両システムの中間を行く『中道』を探ったりする妥協は出来ない。妥協を探る施策、例えば国交の樹立は、間違いなく不成功となろう。両システムはこの地球に共存できないのである。どちらか一つのやり方にならざるを得ない。つまりこれからの二、三〇年の間にロシアが資本主義国家となるか、我々が共産主義者になるかという選択となる[*1]」

一九四六年初め、ケナンはソビエトがその本性をむき出しにするだろうと警告した。トルーマンがホワイトのスパイ容疑を知らされたおよそ一週間後の二月一二日、ジェイムズ・バーンズ国務長官宛てにソビエト最新情勢を報告した。[*2] 彼はまず、直近になされたスターリンのスピーチの要所を五つにまとめた。

1　第一次、第二次大戦ともに独占資本主義（monopoly capitalism）の弊害が原因で起きた。
2　先の大戦に勝利できたのは、ソビエト型政治体制が他のいかなる体制より優れているからである。
3　五カ年計画はうまくいった。
4　配給制度は近々に廃止され、消費財の生産を増やしながらその価格を下げていく。
5　次期五カ年計画では、あらゆる危機に対応できるよう国力を強化する。

この分析に続いて、ケナンはもう一点重要な点を指摘していた。

「彼（スターリン）や他の幹部のスピーチのほとんどが、ソビエトが国際的威信を獲得したことを誇るものであった。その一方で、彼らは今後の国際協調についてはほとんど言及しなかった。（新設の）国際連合組織について触れたのはモロトフだけであった[*3]」

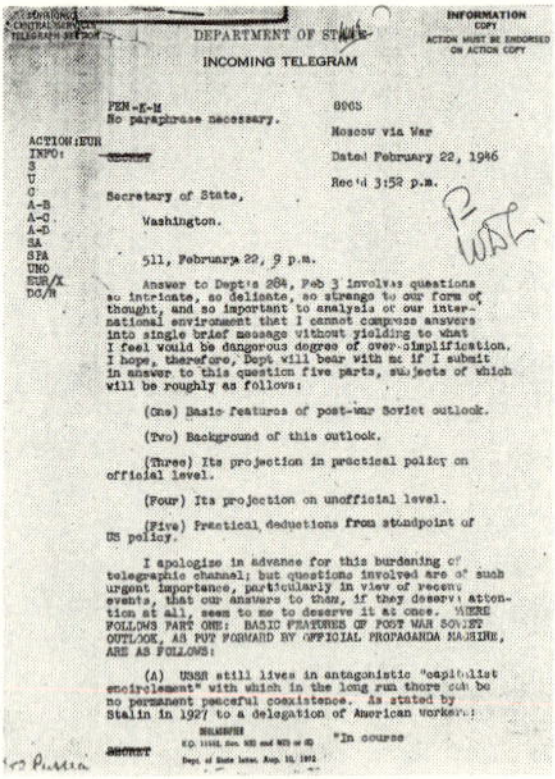
INFORMATION
COPY
ACTION MUST BE ENDORSED ON ACTION COPY

DEPARTMENT OF STATE

INCOMING TELEGRAM

FEN-K-M
No paraphrase necessary.

8963

Moscow via War

ACTION:EUR
INFO:
S
U
C
A-B
A-C
A-D
SA
SPA
UNO
EUR/X
DC/R

SECRET

Dated February 22, 1946

Rec'd 3:52 p.m.

Secretary of State,

Washington.

511, February 22, 9 p.m.

Answer to Dept's 284, Feb 3 involves questions so intricate, so delicate, so strange to our form of thought, and so important to analysis of our international environment that I cannot compress answers into single brief message without yielding to what I feel would be dangerous degree of over-simplification. I hope, therefore, Dept will bear with me if I submit in answer to this question five parts, subjects of which will be roughly as follows:

(One) Basic features of post-war Soviet outlook.

(Two) Background of this outlook.

(Three) Its projection in practical policy on official level.

(Four) Its projection on unofficial level.

(Five) Practical deductions from standpoint of US policy.

I apologize in advance for this burdening of telegraphic channel; but questions involved are of such urgent importance, particularly in view of recent events, that our answers to them, if they deserve attention at all, seem to me to deserve it at once. THERE FOLLOWS PART ONE: BASIC FEATURES OF POST WAR SOVIET OUTLOOK, AS PUT FORWARD BY OFFICIAL PROPAGANDA MACHINE, ARE AS FOLLOWS:

(A) USSR still lives in antagonistic "capitalist encirclement" with which in the long run there can be no permanent peaceful coexistence. As stated by Stalin in 1927 to a delegation of American workers:

"In course

SECRET

ケナン「長い電文意見書」の冒頭（バーンズ国務長官宛、1946年2月22日）

二月二二日、ケナンはあらためて長文の意見書を出した。それが冷戦期、対ソ外交の基本的考え方として採用されることになった。タイプ用紙一九枚にぎっしりと書き込まれていたことから、外交史上「長い電文意見書（long telegram）」と呼ばれている。当時のアメリカの「心理」が理解できる重要な文書であり、冷戦期外交を扱う史書の中で必ずといってよいほど引用される。

「これからの我が国の対ソ外交は、長期的視野に立ち、辛抱強くなくてはならないが、ソビエトの拡張的外交に対しては、油断なく断固とした態度で臨まなくてはならない」

「ロシア指導者は（為政者の）心理の機微に敏感である。それゆえに短気を起こしたり自制心を失うような態度を見せることは政治的にマイナスであることをよく心得ている。その一方で相手方が弱みを見せればそれにつけ込むことは巧みである。従って、ロシアとの外交を成功させる必須条件（sine qua non）は、常にクールな態度をとることであり、彼らに何らかの要求を突きつける場合には、ロシアの威信を傷つけない逃げ道を用意することである[*4]」

トルーマン大統領が後に「トルーマンドクトリン」と呼ばれる声明を発表したのは、「長い電文意見書」からおよそ一年経った一九四七年三月一二日のことであった。この声明はワシントン上下院に対する特別教書演説という形式で発表された。議会、そして国民に対ソ外交の変更を自ら訴えたのである[*5]。

当時のヨーロッパ情勢は、ギリシャとトルコでソビエトの攻勢が続き、安定には程遠い状況にあった。ソビエトは、ギリシャでは同国内の共産主義勢力を支援し、また黒海と地中海をつなぐボスポラス・ダーダネルス海峡の航行利権を求めトルコに圧力をかけていた。

英国が、両国政府を支援していたが、その財政負担に耐えられず音を上げていた。ギリシャとトルコが共産化すれば、地中海東部はソビエト勢力圏に取り込まれる。

特にギリシャの置かれた状況について、トルーマンは次のように説明した。

「ギリシャ政府は、それ（ソビエトの攻勢）に対処できないままである。ギリシャ陸軍の規模は小さく装備も貧弱だ。ギリシャ領土全土を統治するには、しっかりとした軍備が必要だ。ギリシャが自立し、自尊心の持てる民主主義国家になるには（われわれの）支援が必要である」

「我が国はギリシャを支援しなくてはならない。すでに救援を開始してはいるが十分ではない。ギリシャが頼れるのは我が国だけである。英国はこれまで支援を続けてきたが、三月三一日以降の支援継続は財政的に難しくなった。（中略）われわれは国際連合にこの危機に対応してもらうことを考えたが、事態は急を要し、急ぎの支援に対処出来ない」

スピーチは更に続いた。

「いかなる政府も完璧ではない。しかし、民主主義のすばらしさは、その欠点が目に見えることである。欠点は民主主義的な手続きに則って指摘され、そして矯正される。ギリシャ政府も完璧な政府だとは言い難い。ギリシャ政府は、国内の混乱と過激主義に晒されている。同政府は数々の間違いを犯した。我が国が同国を支援することは、その間違い、そしてこれから犯すかもしれない間違いを容認することを意味しない。我が国は右派であろうが左派であろうが過激な政策に対しては批難し、常に寛容な精神を持つようアドバイスしてきた。これからもそうするつもりである」

トルーマンの発言はギリシャ政府に対するものである。しかし筆者には、むしろこれまでのＦＤＲ民主党政権がとってきた容共的な外交の失敗を反省し、ソビエトの危険性に気付かないできた自身の過ちに対する自責の念を吐露しているようにも思える。

この発言には嘘もあった。「民主主義のすばらしさは、その欠点が目に見えることである」と語るトルーマンは、ＦＤＲ政権で暗躍していたスパイの存在を国民に隠そうとしていた。この時点のトルーマンは、前章で明らかにしたホワイトとヒスのスパイ疑惑は隠しきれると考えていたと思われる。
いずれにせよ、トルーマンはこの日、ソビエトの拡張主義的外交に対し、敢然と立ち向かうと国民に約束した。しかしそれはまだ「口先」だけのものだった。政治家の心理の読みに長けたスターリンは、トルーマン発言（トルーマンドクトリン）が「本物」かどうか見極めると決めた。

注

＊1：Walter Isaacson & Evan Thomas, *The Wise Men*, Simon & Schuster, 1986, p149.

＊2、3：Telegram, George Kennan to James Byrnes, February 12, 1946. Elsey Papers, Harry S. Truman Administration File. Foreign Relations - Russia（1946 - report “American Relations with the Soviet Union”）

＊4：Telegram, George Kennan to James Byrnes［“Long Telegram”］, February 22, 1946. Elsey Papers, Harry S. Truman Administration File. Foreign Relations - Russia（1946 - report “American Relations with the Soviet Union”）

＊5：トルーマンスピーチの全文は以下のサイトで確認できる。
Truman Doctrine: PRESIDENT HARRY S. TRUMAN'S ADDRESS BEFORE A JOINT SESSION OF CONGRESS, MARCH 12, 1947

http://avalon.law.yale.edu/20th_century/trudoc.asp

第三節　急変するアメリカ対独外交

一九四七年一月、国務長官はジェイムズ・バーンズからジョージ・マーシャルに代わった。マーシャルは欧州の復興を援助するマーシャルプランで知られるが、彼の行動には胡《う》乱《ろん》な点が多い。一九四一年一二月七日朝（米国時間）の彼の行動はいまだによくわかっていない。当時陸軍参謀長であった彼が運命の日（真珠湾攻撃）の朝に「居所不明」だったことが原因で、ハワイを守るショート陸軍中将への警告が出来なかった。解読された日本の暗号から真珠湾が奇襲攻撃対象になっていることが確実なことは、その日の朝にはわかっていた。それにもかかわらず、ハワイにそれを知らせることが出来なかったのは、居所のわからないマーシャルの許可を得られなかったからだった。

戦後の対中外交では、特命駐中国大使（一九四五年一一月〜一九四七年一月）に任命された。国務省を中心とする容共的高官の意のままに、中国共産党との協力を蔣介石に強制する役割を与えられたが、それに失敗すると、部下のアルバート・ウェデマイヤー将軍に丸投げした。FDRが進めたモーゲンソープランに抵抗した形跡もない。筆者には、マーシャルという人物は自身の出世に役立つかそうでないかだけを考え、時の権力者にいかに気に入られるかに腐心した無節操な人物に思える。ただこうした態度の人物は、その上に立つ権力者にとっては使いやすい。トルーマンは、中国にいたマーシャルを呼び戻し、国務長官に据えた。トルーマンドクトリン発表の二カ月前のことである。

トルーマンドクトリン発表後、連合国四カ国外相がモスクワに集まった。主要議題はドイツ再建方針の再検討であった。米国はすでに、工業を基礎としてドイツ経済を再興させると決めていた。マーシャルは、「ヨーロッパを再興させるという方針がある中で、ドイツの再建を認めないこれまでのやり方はナンセンスである」(ジョージ・ケナン)との考えに基づいたトルーマンドクトリンをベースにした新たなドイツ占領政策を、モロトフ外相に説明した。スターリンはこれに真っ向から反対した。マーシャルは、スターリンに直接会って説明したが、彼はドイツ復興に聊《いささ》かの関心も示さなかった。[*1]

一九四七年三月一〇日に始まったモスクワでの会議は、何の成果も生まず四月二五日に閉幕した。ドイツが経済的に蘇らない限り、カオスに陥っているヨーロッパの再建はない。これまではドイツ占領政策でソビエトの協力を求めてきたが、もはや猶予の時間はない。

これがアメリカの結論であった。[*2] 六月五日、アメリカはマーシャルプランを発表した。これはドイツ農業国化政策（モーゲンソープラン）との決別宣言であり、トルーマンドクトリンの具現化であった。マーシャルプランは、米国は大型経済支援をヨーロッパに実施すると宣言したものだが、東欧各国にも適用すると約束した。アメリカの経済力が東欧諸国に及ぶことを懸念するスターリンは、これに強く反発した。

四カ国の外相は再びロンドンに集まり、ドイツ占領政策について協議した（一一月二五日〜一二月一五日）。モロトフは、この場でもドイツの経済再建にはなんの関心も示さず、ドイツからの賠償を要求するばかりだった。ソビエトの占領地域（東プロシアなどの東部ドイツ）はドイツの食糧生産地帯だった。ソビエトは、同国占領地域での農業生産物をドイツ全体で共有したいという西側連合国の要求を拒んだ。スターリンにとってモーゲンソープランは、ドイツを二度と立ち上がらせないために完成させた「芸術品」であった。それを壊しにかかったアメリカに我慢ならなかった。

アメリカは、対ソ強硬外交を決めたことで、統一ドイツ民主化構想を諦めた。翌四八年二月二〇日、マーシャルは、ソビエトは東部ドイツを東欧諸国同様の全体主義国家にする考えだと結論付け、[*3] 西側占領地域だけでも早急に経済再建させると決めた。その決断をベネルクス三国（ベルギー、オランダ、ルクセンブルグ）にも理解させた（ロンドン会議：二月二三日〜三月六日）。米英仏占領地域に連邦政府を設立する構想は駆け足で決まっていった。

ソビエトも、アメリカの態度の変化とドイツの分裂已む無しの覚悟に気付き、西側諸国の反発に遠慮はしない外交に切りかえた。一九四七年九月には、世界の共産主義者の連帯を一層強化することを目的にコミンフォルムを結成した。翌四八年二月には共産党、非共産党勢力の鬩《せめ》ぎあいが続いていたチェコスロバキアに政変を企て、完全に共産化した。これはマーシャルプラン受入れの兆しを見せたチェコスロバキアへの懲罰であった。

同年三月九日、スターリンは、ドイツ占領政策の最前線に立つソコロフスキー元帥とセミノフ将軍をモスクワに呼び、今後の対応策を協議した。その内容は詳《つまび》らかではないが、この場で西側への嫌がらせ、すなわちベルリン封鎖を決定したことは間違いなかった。[*4] 三月二〇日、ベルリンで連合国管理理事会が開かれた。普段は落ち着いた態度のソコロフスキーはこの日は初めから冷ややかな振る舞いを見せ、ロンドン会議の連合国側の考えを詳らかにせよ、と迫った。「内容は知らされていない」と聞かされると、「もはやこの会議を開く意味はない」と憤り会場を去った。これが最後の連合国管理理事会となった。[*5]

ソコロフスキーがベルリンへのアクセス制限を命じたのは、この五日後のことであった。四月一日に、鉄道での物資移動を許可制にした。クレイ将軍はこれを拒否したが、鉄道輸送は極端に制限された。この頃、ソビエト陸軍はベルリン周辺に一五〇万規模の兵力を展開させていただけに、スターリンが西ベルリンを武力制圧すると決めれば、その実現は容易であった。西ベルリンの米英駐留軍はわずか二万であった。しかし、スターリンにはそこまでの考えはなかった。「ソビエトの海に浮かぶ小島西ベルリン」の脆弱さを思い知らせ、ドイツ占領政策の変更を思いとどまらせる。ドイツ工業化に歯止めをかけ、ドイツ統一には従来通りソビエトの意向を反映させる。それが彼の狙いだった。

クレイ将軍は、赤軍との衝突も覚悟したうえで、ベルリンへの増派を要請した。トルーマンもアトリーもソビエトとの軍事衝突は望まなかった。連合国軍は、ソビエトの嫌がらせで不足する物資、特に生鮮食料品を空輸することを決めた。

注

＊1、2：To Save a City, p8.
＊3：同右、p9.

＊4、5：同右、p11.

第四節　ベルリン封鎖　スターリンの戦術

四月に始まったベルリンへのアクセス制限は、西側の反応をテストするスターリンの戦術だった。アメリカが西ベルリン防衛にどれほどの本気度を見せるかのリトマス試験紙だった。米英は四月、封鎖が始まると、ダグラスC47及び同型のダグラスダコタ輸送機（英空軍）を使ってベルリン空輸を開始した。日に八〇トンのミルク、野菜、卵などの生鮮食料品を運んだ。この時期の輸送作戦は「リトルリフト」と呼ばれる小規模なものであった。この作戦を日本の都市を空から焼き尽くしたカーチス・ルメイ将軍が指揮した。

スターリンは四月のアクセス制限で、二つのことを確認した。西側連合国はソビエトとの本格的軍事衝突は望んでいないこと、ベルリンを封鎖した場合、空輸による対応をとることであった。空輸は確かにその効果を発揮したが、全面的にベルリンを封鎖した場合、二〇〇万市民のための生活物資を満たすためには日々四〇〇〇トン以上の物資を運び入れなくてはならない。それを実現するには、日々一五〇〇回のフライトが必要であった。

そんなことが出来るはずもなかった。ベルリンを封鎖すれば、米国も英国もいずれ音を上げ、西ベルリン市民はソビエトに頼らざるを得ない。そうなれば、いかに彼らがソビエト支配を嫌おうが膝を屈する。東欧諸国の反ソビエト勢力にも心理的な圧力をかけられる。どれほどソビエトに抵抗しようが、西側諸国は彼らを助けにはこない。そのように思わせ、抵抗の精神を奪うのである。それがスターリンの狙いだった。四月一七日、スターリンには次のような報告が寄せられた。

「クレイ将軍の、ベルリンと西側占領地域を結ぶ空輸作戦は、失敗であることが確認された。アメリカ軍は空輸はあまりにコストがかかると結論付けた[*1]」

スターリンがヨーロッパ各地に忍ばせたスパイ網からもこれを裏付ける報告が上がっていた[*2]。しかし米英軍は、本格的な封鎖を覚悟した対策を練っていた。まずベルリンにおける石炭の備蓄を増やした。鉄道で運ばれる石炭は三月には一四五一トンだったが、四月一万六二トン、五月一万四四三トン、六月半ばの封鎖までには四七四九トンを運んだ。軍需品も四月五九二九トン、五月六〇二〇トン、六月（前半）三一五一トンと増量した。また空輸の帰りの便を使い、余剰と思われる人員をベルリンから運び出して「口減らし」した。[*3]
米英両国は西側占領地域においては新通貨を流通させることも決めた。通貨改革については四カ国外相会議で協議されたが、ソビエト側は通貨発行権をソビエト側も持つことを主張して譲らなかった。四月の嫌がらせも西側が提案した通貨改革が引き金であった。
六月一八日、西側連合国は、「西ベルリンを除いた」西側占領地域では同月二〇日を以て新紙幣に切りかえると通知した。もちろんこの時点で、西ベルリンには新紙幣は密かに搬入済であったが、ソビエトの対ベルリン強硬策を警戒して西ベルリンでの貨幣政策には触れていない。それでもソビエトは憤った。ホワイトの画策で紙幣の印刷原版も手に入れた。貨幣発行権を握ることで、ドイツの富を収奪する仕組みが出来ていた。その仕組みを崩されることを嫌った。
ソビエトが本格的にベルリン封鎖を開始したのは翌一九日のことであった。この日、客車や乗用車による人の移動に規制をかけた。二一日には西側占領地域からベルリンに向かう軍用列車を止めた。二二日には、ソビエト占領地域に残された列車にソビエト製機関車を連結し、無理やり西側に戻した。この日、四カ国は新通貨政策について最後の協議を実施した。ソビエトは、自ら準備した新通貨をベルリン全市に適用すると主張したが、西側は西ベルリンでは西側新紙幣を使用すると譲らず、協議は不調に終わった。六月二四日、ソコロフスキー元帥はベルリンへの陸路、水路によるアクセスを完全に遮断すると警告し、翌日には食料品の西ベルリン供給を止めた。

「この時のソビエトは、西ベルリンをソビエトに明け渡す以外に西側諸国が取る道はないと確信していた。食糧と燃料を遮断すれば、西側連合国軍は西ベルリンから退去せざるを得ない。ベルリンへの空輸作戦など成功するはずはないと考えていた[*4]」

しかしトルーマンは覚悟を決めていた。空輸作戦を何としてでも成功させる、そうしなければ、民主主義を守ると始めたあの戦争の大義が完全に嘘だったことがばれてしまうのである。

既に東欧諸国でのソビエトの振る舞いからそのことはうすうす気づかれてはいたが、ここで西ベルリンを救わなければ、もはや世界への、そしてアメリカ国民へのいかなる「言い訳」もできない。ナチスドイツもソビエトも苛烈《かれつ》な全体主義国家であった。米英両国はそれにもかかわらずヒトラー憎しの感情だけが先に立ち、何の議論もなくソビエトを連合国の一員に加えた。西ベルリンだけは救うことで、あの戦争は民主主義を救うための戦いであったという建前をかろうじて言い張ることができる。ソビエトの横暴は、彼らが戦後心変わりしたとでもいえばなんとか取り繕《つくろ》うことができる。

この頃、ソビエトはメディアを動員して、何もできないアメリカを嘲《あざけ》り、ソビエト体制の優位性を訴えるプロパガンダを加速させていた。共産主義思想の拡散はどうしても止めておかねばならなかった。もし何の抵抗もできない輸送機をソビエトが攻撃することがあれば、第三次世界大戦の始まりを意味した。トルーマンはそれを覚悟した。ただそうなった場合、戦争を始めたのはソビエトなのである。アメリカには責任はない。

先に書いたように、西ベルリンへの空路だけは、ソビエトとの合意文書が残っており有効だった。西ベルリン市民を支えるための空輸量の計算を担当したのは英国であった。英国はドイツとの長い戦いの経験があり、配給制度のプロがいた。一人が一日当たり一七〇〇キロカロリーを費消する想定で導き出された数字は、日々一五〇〇トンの食糧と二五〇〇トンの燃料が必要になるというものであった。つまり四〇〇〇トンの物資を毎日西ベルリンに運ばなくてはならないことがわかったのである。

ベルリンへの本格的空輸作戦は六月二六日から始まった。しかし空輸できる量は日に一〇〇〇トンが限界だった。米国は各地から輸送機をかき集め、本国に帰国していたパイロットを再び招集した。

注

＊1、3：To Save a City, p13.
＊2：同右、p14.
＊4：同右、p21.

第五節 ベルリン封鎖 米英の空輸作戦

前節で書いたように、西ベルリン市民の生存には日々四〇〇〇トン以上の食糧や燃料を必要とした。輸送機が一度に運べる量は三トン程度だったため、一〇〇〇回を超えるフライトを要する計算だった。これだけの過密フライトをこなすためには空路にも工夫が必要だった。南北からの二つの空路をベルリンへの往路に使い、中央の空路は復路だけに使うことで、効率と安全性を高めた。空港での荷下ろしの時間は三〇分で済ませなくてはならなかった。万一着陸に失敗した場合は、再着陸は許されなかった。荷を積んだまま一方通行の復路を引き返すよう命じられた。

ベルリン・テンペルホーフ空港では、ドイツ人労働者が荷受け作業をてきぱきとこなし、パイロットには、滑走路わきにしつらえられたボックスキッチンで、ドイツ人女性が用意したハンバーガーとコーヒーが振る舞われた。空港の拡張にもドイツ人労働者が従事した。本格化した空輸作戦を指揮したのはウィリアム・タナー将軍だった。大戦中には重慶の国民党政府への空輸作戦を成功させた経験があった。七月末にドイツに着任すると世界中から使えるC47などの輸送機とパイロットをかき集め、二四時間体制の空輸作戦を立案した。

この年の一二月、ベルリンで選挙があった。東ベルリンはソビエトの指令で選挙をボイコットしたが、西ベルリンでは強行された。その結果、対ソ強硬派のエルンスト・ロイターが市長に選出された。これでドイツ国家だけでなく、ベルリン市の分裂も決定的になった。

年が明けた四九年一月、ベルリンからの脱出を望む市民の移住を許し、一層の「口減らし」を決めた。春からは、ドイツ人エンジニアを航空機メンテナンス作業に使うことも決定した。ドイツ人パイロットも採用し、新型輸送機も投入した。ダグラスC74型グローブ

ベルリン空輸

マスターの積載量は二五トン、ボーイングC97型ストラトフレイターの積載量は五〇トンを超えた。空港の周りにはドイツ人の子供たちが常に集まり、飛行機がやって来る度に歓声を上げた。米国人パイロットは、手作りの紙製パラシュートを付けたキャンディの袋を用意して、空港に近づくと子供たちに向けて投下した。わずか数年前には米軍機の襲来に体を震わせていた子供たちは、空から降ってくる甘いお菓子に群がった。

確かにベルリン市民は、米英の空輸作戦に感謝した。しかし、天文学的な費用のかかる作業をいつまで続けてくれるのか気がかりだった。アメリカも、西ベルリン市民の抵抗の心が萎えていくのではないかと危惧した。しかし陸軍情報部の分析はポジティブだった（一九四九年一月一三日）。

「（断固たる）空輸の遂行と西側指導者の見せている西ベルリン支援の心意気に、同市民は感じ入っている。何らかの不測の事態がない限り、我々の支援を頼りにしてこの厳しい冬を乗り切ってくれるはずである[*1]」

スターリンが自身の読みが誤っていたらしいことを悟ったのは、一九四八年一二月頃のことである。ポーランドで成功させたようなやり方でドイツを統一し、ソビエトの衛星国に仕立て上げることはできないと気付いた（注：ポーランドの共産化の経緯は『裏切られた自由（下）』に詳しい）。米国は、ドイツ分裂を覚悟し、ソビエトの影響を排除した西部ドイツを工業国として再建させると決めた。ソビエトがいかにそれに不快感を示そうが、もはやその動きを止められないことをスターリンは観念した。四八年末にはソビエトに軍事的に対抗するＮＡＴＯ（北大西洋条約機構）の成立も確実となった（一九四九年四月成立）。スターリンは軍事衝突を望んではいなかった。ベルリン封鎖による圧力を背景にした外交攻勢でドイツ占領政策を有利に運ぶことが狙いだった。しかし、西ベルリンを「人質」にした外交は失敗した。

一九四九年三月五日、スターリンは人事を刷新し、外相にはモロトフに替え、アンドレイ・ヴィシンスキーを起用した。この人事が西側へのメッセージだった。米ソの腹の探り合いが両国の国連代表の間で始まった。上記人事から一〇日が経った三月一五日、ソビエト国連代表ヤコフ・マリクは米国代表フィリップ・ジェサップに対して、ベルリン封鎖についての今後の方針をスターリンに打診すると約束した。同月二一日、マリクは条件次第でベルリン封鎖解除は可能であるとのスターリンの意向を伝えた。その後に示された条件は、「連合国外相会議を開催し、ドイツの将来をあらためて協議する。ドイツ分割計画を同会議の結論が出るまで棚上げする」ことであった。西側がこれを拒否すると、この要求も取り下げられた。[*2]

一九四九年五月四日、ソビエトとの合意が成り、五月一二日を以てベルリン封鎖が解除されることとなった。国連安全保障理事会でこの決定が報告されたが、事実関係を伝えるだけのそっけないものだった。ソビエトを批難する言葉はどこにもなかった。

「フランス、英国及び米国の安全保障理事会代表は、ソビエト社会主義共和国連邦との間で合意に達し、ベルリンの通信輸送交易に関わる制限が解除されたことを報告する」[*3]

ソビエトの自尊心を傷つけない「配慮」だった。この配慮ある報告こそが、ＦＤＲとチャーチルの対ソ外交の帰結であり、冷戦の始まりを告げるものであった。

ホワイトが作り上げたＩＭＦは、西ドイツを含むヨーロッパの再建にはあまりに微力であった。破壊しつくされたヨーロッパの経済システムの再構築には巨額の資金を必要とした。最終的に一二〇億ドルの予算が投入された。[*4] ＩＭＦではとても対応できない額であった。ＩＭＦが本来の機能を開始したのは、マーシャルプランが終了した一九五二年以降のことであった。

注

＊１：To Save a City, p98.
＊２：同右、p105.
＊３：同右、pp105–106.
＊４：Marshall Plan, 1948

エピローグ　チャーチルとトルーマンの「敗北宣言」

一九四五年四月一二日、ＦＤＲは突然に死去した。チャーチルは、ＦＤＲがスターリンに甘い対応をとってきたことに苛立っていた。ヤルタではＦＤＲとスターリンのタッグの前になすすべもなかった。しかし結局は、戦後ソビエトの東西への拡張を容認する秘密協定に署名した。チャーチルは、新大統領トルーマンがＦＤＲ外交の蚊帳の外に置かれてきたことを知っていた。ＦＤＲの死後、対ソ宥和外交の継続を主張する勢力（国務省容共派官僚）と、それに反対し対ソ警戒を勧めるアドバイザーや保守系議員らの間で鬩ぎあいが続いていることも知っていた。

チャーチルが自身の考えを極秘電で伝えたのは、トルーマンの大統領就任からおよそ三週間経った五月六日のことだった。対独戦争勝利（ＶＥデイ）の二日前である。ドイツ領土内をベルリンに向けて進軍する米軍司令官には、いかなることがあっても占領地域から軍を引かせないよう進言した。その六日後には、より強い調子で、「ソビエトは鉄のカーテンを降ろした。その裏側で彼らが何をしているかわれわれにはわからない」と書いた。

大統領専用列車でチャーチルを歓迎するトルーマン

「鉄のカーテン」という表現が歴史上はじめて使われたのは、この暗号電の中であった。[*1] この時期のトルーマンのソビエトへの警戒はまだ本物ではなかった。チャーチルの意見には従わず、国務省容共派官僚の意見を容れて、ソビエトとの協議で決まっていた地点にまで軍を引かせた。

一九四六年三月四日、トルーマンとウィンストン・チャーチルは、大統領の地元ミズーリ州に向かっていた。チャーチルは戦争指導には勝利したものの、一九四五年夏の選挙で労働党に敗北した。ポツダム会談では途中、新首相クレメント・アトリーに代わられる屈辱を味わった。トルーマンは、米国訪問を決めたチャーチルに地元大学での講演を依頼した。

会場は、国民のほとんどがその名を初めて聞く長老派教会系大学ウェストミンスターカレッジの講堂であった。トルーマンは大学のあるフルトンの町への移動に、ＦＤＲの使った大統領専用列車フェルディナンド・マゼラン号を用意した。車内で二人はポーカーに興じた。その一方で、講演内容についての入念な打ち合わせを行った。チャーチルは、対ソ外交にかかわる重大な内容を含むスピーチを行うことを、招待を受ける条件としていたのである。

翌五日、フェルディナンド・マゼラン号は、セントルイスとカンザスシティの中間（ミズーリ州のほぼ中央部）にある小都市フルトンに到着した。ポーカーの後にチャーチルは打ち合わせた原稿をもう一度修正していた。早朝、修正箇所の了解をトルーマンから得た。二人が念には念を入れたのは、米英両国が進めてきた対ソ外交を変更すると全世界に明らかにする意図があったからである。フルトンの空は晴れ上がり、昼頃には気温は華氏六〇度（摂氏一六度）にまで上がっていた。

トルーマンの紹介に続いてチャーチルは語り始めた。彼は、目前の聴衆に語ったのではない。世界に向けて語ったのである。

「バルト海のシュチェチン（現ポーランド）からアドリア海のトリエステ（現イタリア）まで、ヨーロッパ大陸を横切る『鉄のカーテン』がおろされた。中部ヨーロッパおよび東ヨーロッパの歴史ある首都は、すべてその向こうにある」
「西側民主主義国家、とりわけイギリスとアメリカは、際限なく力と思想の拡散を続けるソビエトの動きを抑制しなくてはならない」

打ち合わせ通りの講演内容を聞くトルーマンは、満腔《まんこう》の賛意を表し、聴衆とともに拍手した。[*2]

かつて、チャーチルは、二人の怪物（ヒトラーとスターリン）を前にしていかなる外交をとるべきか迷いに迷っていた英国保守派を激しく批判した。とにかくヒトラーを倒すことだけを主張した。ヒトラーとスターリンを戦わせ、二人の怪物の弱体化をはかるべきだと考えたネヴィル・チェンバレン首相を詰《なじ》り続けた。同首相は、対独戦がはじまるとチャーチルを海軍大臣に起用した。その後体調を崩し首相の座をチャーチルに譲った（一九四〇年五月一〇日）。ヒトラーが、満を持して対ソ戦を始めた時期（一九四一年六月二二日）には、何らかの対独外交方針の変更もあり得た。しかしチャーチルは次のように述べてスターリンとの「同衾《どうきん》」を決めた。

「（ソビエトが犯した）過去の罪、愚かな行為とそれが生み出した悲劇。こんなものは水に流す。いまロシアの兵士が、太古の昔から祖先が耕してきた大地を必死に守っている。そして兵士の母や妻が祈りを捧げている。愛する者が無事に帰ってくるように、家族を守る稼ぎ手が傷つかないように祈っている」

「ナチスの支配と戦う人々あるいは国には、我が英国は惜しみなく支援する。いかなる国家、いかなる人間も、ヒトラーと手を携えるかぎり我が国の敵である」[*3]

英国保守派にすれば、スターリンとの「同衾」がどんな結果をもたらすかはわかりきったことであった。彼らは、チャーチルの「鉄のカーテン」スピーチを聞き、「今頃気づいた馬鹿野郎だ」と思ったに違いなかった。

英国はナチスドイツとの戦いで国富の四分の一を失った。英国の対外負債は一四〇億ドルにも上り、ケインズは、「英国の外為資産は底をついた。五年以内に国家破綻する」と警告していた（一九四五年四月）[*4]。その結果がブレトンウッズ体制であり、世界を支配する通貨はポンドからドルに完全に取って代わられた。チャーチルの「敵の敵は味方」とする単純な思考がもたらした英国の没落であった。戦後、ソビエトの共産化攻勢に晒されたギリシャ、トルコへの支援を断念したのも財政難が原因であった。英国保守派はチャーチルの愚かな外交を抑止できなかったことに臍を噛んだ。「鉄のカーテン」演説は、チャーチル特有のレトリックを弄した、体の良い「対ソ敗北宣言」だったのである。

アメリカ世論は、チャーチルとトルーマンが練り上げたフルトン演説に冷ややかだった。VEデイ（対独戦勝利一九四五年五月八日）、VJデイ（対日戦勝利同年八月一四日〈米国時間〉）から、まだ一年も経っていない時期に、今度は「ソビエトを敵と見做《みな》せ」というチャーチルのロジックにはついていけなかった。「ウォールストリートジャーナル」紙は、「我が国とロシアの関係に毒を盛る演説である」、評論家のウォルター・リップマンは、「政治的なおバカ発言である（almost catastrophic blunder）」と批判した。

演説草稿は二人で練ったものだけに、トルーマンは世論の反発に驚き怯《ひる》んだ。「鉄のカーテン」演説はあくまでチャーチルの発言であると逃げをうった。それでも、アメリカ国民も次第にソビエトの「悪行」を知っていくことになる。トルーマンは、世論の変化を見ながら対ソ強硬外交に切り替えると国民に説明する機会を窺《うかが》っていた。そしてようやく一九四七年三月一二日、「トルーマンドクトリン」（ワシントン上下院に対する特別教書演説）を発表したのである。これは、トルーマンの「対ソ敗北宣言」であった。

「鉄のカーテン演説」や「トルーマンドクトリン」をスターリンへの敗北宣言だったと書く書はどこにもない。しかし、FDR政権は容共政権であったのではないかという視点（歴史修正主義史観）をもって歴史を読み解けば、それが合理的な結論とならざるを得ない。

筆者は前書きで、「ソビエトの諜報組織の暗躍」を横糸にした歴史描写が本書の狙いであると書いた。ソビエト諜報網は大きな広がりを見せていたが、本書ではもっとも太い二本の横糸（ハリー・デキスター・ホワイトとアルジャー・ヒス）だけを使った歴史描写にとどめた。経済担当大統領顧問であったラフリン・カリー、容共派高官の筆頭とも思われるディーン・アチソン（彼はスパイではない）、あるいはマンハッタン計画の核爆弾開発機密を流したユダヤ人夫妻（ジュリアス・ローゼンバーグとエセル・グリーングラス・ローゼンバーグ）といった「横糸」は使えなかった。チャーチル政権やその後に続いた英政権内に潜伏し続けたスパイ網という「横糸」についても扱えなかった。彼らソビエトスパイたちは冷戦期に入っても「活躍」した。

ホワイトとヒスという太い横糸だけの歴史物語でも、あの戦争は何だったのかを考える重要なヒントになると思っている。使い残した「横糸」を使った歴史描写については機会をあらためて挑戦したいと考えている。

本書執筆にあたっては今回も文春新書編集部の前島篤志さんの励ましをいただき、同社校閲部には丁寧な校正をしていただいた。この場を借りて篤く感謝したい。

注

＊1、2：John A. Bernbaum, Truman, Churchill and the "Iron Curtain Speech", May 25, 2011

＊3：『裏切られた自由（上）』四三七頁。

＊4：*1946: The Making of the Modern World*, pp72–73.

◎年表

一八八二年　米朝修好通商条約
一八九三年　アメリカフロンティアの喪失
一八九八年　米西戦争、フィリピン植民地化
一九〇一年
三月　セオドア・ルーズベルト（以下T・ルーズベルト）、ウィリアム・マッキンリー政権の副大統領に
九月　マッキンリー大統領暗殺を受け、T・ルーズベルトが大統領に就任
一九〇五年
三月　フランクリン・ルーズベルト（以下FDR）、エレノアと結婚
七月　ウィリアム・タフト使節団訪日、桂・タフト秘密協定
一一月　第二次日韓協約
一九〇七年　バンクーバー日本人街襲撃事件
一九一〇年　日本による朝鮮併合

一九一三年　FDR、海軍次官に
一九一八年　ブレスト＝リトフスク条約により独ソ単独講和
九月　FDR不倫発覚。以後、仮面夫婦となる
一九三三年
三月　FDR政権発足
六〜七月　ロンドン世界経済会議
一一月　FDR政権、ソビエトを国家承認
一九三四年
一月　ヘンリー・モーゲンソー、財務長官に任命される
一〇月　ハリー・デキスター・ホワイト、財務省に入省する
一九三五年　ホワイト、スパイ活動開始（担当はウィッテカー・チェンバース）
一九三六年　アルジャー・ヒス、国務省に勤務する
一九三八年
五月　ワシントン下院非米活動特別調査委員会設置

一〇月一五日　ヤコブ・ゴロス、エリザベス・ベントリーに接触

一九三九年　ヒス、この年から極東部長スタンレー・ホーンベックを補佐（一九四一年まで）

九月一日　独、ポーランド侵攻

九月二日　チェンバース、アドルフ・バール国務次官補に、二〇名以上のソビエトスパイを暴露

九月一七日　ソビエト、ポーランド侵攻

一九四〇年

九月　アメリカ第一主義委員会発足

一〇～一二月　モスクワ、ヘミングウェイのスパイリクルートを承認

一九四一年

二月　ヘミングウェイ夫妻中国訪問

六月二二日　独ソ戦開始

八月　大西洋憲章発表

一二月七日　真珠湾攻撃

一九四二年

四月一八日　ドーリットル空襲

一九四三年

一月二四日　対枢軸国無条件降伏要求（カサブランカ会談）

二月　ソビエト外交文書暗号解読作戦（ヴェノナ計画）開始

八月　第一回ケベック会談

一〇月　第一回モスクワ会談

一一〜一二月　テヘラン会談

一九四四年

一月一七日　米、占領下ドイツにおける通貨政策をソビエトに通知

四月一四日　連合国マルク紙幣印刷原版のソビエト譲渡決定

七月　ブレトンウッズ会議

民主党大会（FDRを党候補に選出）

八月一〇日　モーゲンソー・チャーチル会談

八〜一〇月　ダンバートンオークス会議（実質的事務局長はヒス）

九月　第二回ケベック会談、ドイツ農業国化政策決定
　キム・フィルビーMI6第九部長就任
一〇月　モーゲンソープランが統合参謀本部令JCS一〇六七号となる
一〇月二一日　FDR雨中の選挙パレード
一一月　FDR四選
一二月　NKVD、ベントリーの排除通告

一九四五年

一月二〇日　FDR就任演説（体調不良）、ハリマン・モロトフ会談（モスクワ）
二月四〜一一日　ヤルタ会談
四月一二日　FDR死去
四〜六月　サンフランシスコ会議（国連設立）
五月八日　VEデイ
五月　トルーマンJCS一〇六七号追認とアイゼンハワー将軍による実施
七月四日　西側連合国軍、西ベルリン駐屯完了
七月二二日　モーゲンソー財務長官辞任

七月三〇日　連合国管理理事会（ベルリン）発足
夏頃　ベントリー、ＦＢＩに出頭
八月一四日　ＶＪデイ
九月　オタワのソビエト大使館職員イーゴル・グゼンコ亡命
九月三〇日　トルーマン・キング会談
一〇月一一日　アトリー・キング会談
一一月一四日　グゼンコ亡命をめぐり米英カナダ三国首脳会談
一一月二七日　特命駐中国大使にジョージ・マーシャル将軍
一一月三〇日　ベントリー調書作成される。ベルリンへの空路保障協定
一二月一五日　米国務省による対中政策声明

一九四六年

二月四日　トルーマンに政府高官スパイ疑惑が報告される
二月一五日　カナダ連邦警察、カナダ関係のスパイ容疑者一一名を拘束
二月二二日　ジョージ・ケナンによる対ソ外交意見書（long telegram）
三月五日　チャーチル「鉄のカーテン」演説

四月　ハーバート・フーバー元大統領による第一回ドイツ視察
六月　ベルリン物々交換市場（バーターマート）設置
八月一四日　フランシス・P・ミラー大佐、ワシントン議会でドイツ占領政策を批難
一一月　ワシントン下院非米活動委員会（HUAC）委員長にJ・パーネル・トーマス議員就任
一一月二四日　ハリウッド・テン有罪
一一月二五日　ウォルドルフ声明

一九四七年

一月　ジョージ・マーシャル国務長官就任
　フーバー元大統領による第二回ドイツ視察（二月報告書作成）
三月一〇日　連合国四カ国外相会議（モスクワ、～四月二五日）
三月一二日　トルーマンドクトリン
五月　元FBI職員、反共産主義啓蒙ニュースレター「カウンターアタック」発刊
六月五日　マーシャルプラン発表

七月　ドイツ占領政策の変更（JCS一〇六七号から同一七七九号へ）
九月　ソビエト、コミンフォルム結成
一一月二五日　ロンドンで連合国四カ国外相会議（〜一二月一五日）

一九四八年

二月　チェコスロバキア政変
三月二〇日　最後のベルリン連合国管理理事会
四月　最初のベルリン危機
六月一八日　連合国通貨政策の変更をソビエトに通告
六月一九日　ベルリン封鎖の本格化、ベルリン空輸開始
七月三一日　ベントリー、HUACで証言
八月三日　チェンバース、HUACで証言
八月五日　ヒス、HUACで証言
八月七日　HUAC、チェンバースを非公開喚問
八月一一日　リチャード・ニクソン議員、ダレス兄弟（ジョン、アレン）、ダグラス・ディロン（投資銀行ディロン・リード）協議

八月一三日　HUAC、ホワイトを喚問
八月一六日　ホワイト死去。HUACがヒスを非公開喚問
八月二七日　HUAC報告書発表。チェンバース、ラジオ番組でヒス批難
一〇月八日　ヒス、チェンバースに対する名誉棄損訴訟
一二月二日　HUACが「カボチャ文書」発見

一九四九年
三月五日　スターリン、外相・貿易相人事刷新
三月三一日　ヒス偽証罪裁判開始
四月　NATO（北大西洋条約機構）設立
五月一二日　ベルリン封鎖解除
八月二九日　ソビエト最初の核実験
一〇月　中華人民共和国建国

一九五〇年
一月二〇日　ヒス、第二回公判評決で有罪

一九五三年
アイゼンハワー政権（ニクソン副大統領、ジョン・ダレス国務長官）

一九六一年　チェンバース死去
一九八四年　ロナルド・レーガン大統領、故チェンバースに自由勲章授与
一九八九年
一二月　マルタ会談（冷戦終結）
一九九五年　米国情報公開法（Freedom of Information Act）に基づいて、ヴェノナ文書公開
一九九六年
一一月一五日　ヒス死去（九二歳）

ラ　行

マ　行

ナ　行

ハ　行

サ　行

タ　行

人名索引

ア 行

カ 行

渡辺惣樹（わたなべ そうき）

日米近現代史研究家。1954年生まれ。静岡県下田市出身。東京大学経済学部卒業。カナダ・バンクーバー在住。英米史料をもとに開国以降の日米関係を新たな視点から研究。著書に『戦争を始めるのは誰か』（文春新書）、『朝鮮開国と日清戦争』『日米衝突の根源 1858-1908』、訳書に『裏切られた自由』（ハーバート・フーバー著）（いずれも草思社）など。

文春新書

1176

第《だい》二《に》次《じ》世《せ》界大戦《かいたいせん》 アメリカの敗北《はいぼく》
米国《べいこく》を操《あやつ》ったソビエトスパイ

2018年（平成30年）6月20日 第1刷発行

著者 渡辺惣樹
発行者 鈴木洋嗣
発行所 株式会社 文藝春秋
〒102-8008 東京都千代田区紀尾井町3-23
電話（03）3265-1211（代表）

印刷所 理想社
付物印刷 大日本印刷
製本所 大口製本

定価はカバーに表示してあります。
万一、落丁・乱丁の場合は小社製作部宛お送り下さい。
送料小社負担でお取替え致します。

ISBN978-4-16-661176-8

◆日本の歴史

◆経済と企業

税金 常識のウソ　神野直彦
アメリカは日本の消費税を許さない　岩本沙弓
税金を払わない巨大企業　富岡幸雄
トヨタ生産方式の逆襲　鈴村尚久
VWの失敗とエコカー戦争　香住 駿
朝日新聞 日本型組織の崩壊　朝日新聞記者有志
働く女子の運命　濱口桂一郎
無敵の仕事術　加藤 崇
「公益」資本主義　原 丈人
人工知能と経済の未来　井上智洋
お祈りメール来た、日本死ね　海老原嗣生
2040年全ビジネスモデル消滅　牧野知弘

◆世界の国と歴史

新・戦争論　池上 彰 佐藤 優
大世界史　池上 彰 佐藤 優
新・リーダー論　池上 彰 佐藤 優
二十世紀論　福田和也
歴史とはなにか　岡田英弘
新約聖書Ⅰ　新共同訳 佐藤 優解説
新約聖書Ⅱ　新共同訳 佐藤 優解説
ローマ人への20の質問　塩野七生
新・民族の世界地図　21世紀研究会編
地名の世界地図　21世紀研究会編
人名の世界地図　21世紀研究会編
常識の世界地図　21世紀研究会編
イスラームの世界地図　21世紀研究会編
食の世界地図　21世紀研究会編
武器の世界地図　21世紀研究会編
戦争の常識　鍛冶俊樹

フランス7つの謎　小田中直樹
ロシア 闇と魂の国家　亀山郁夫 佐藤 優
独裁者プーチン　名越健郎
イタリア人と日本人、どっちがバカ?　ファブリツィオ・グラッセッリ
イタリア「色悪党」列伝　ファブリツィオ・グラッセッリ
第一次世界大戦はなぜ始まったのか　別宮暖朗
イスラーム国の衝撃　池内 恵
グローバリズムが世界を滅ぼす　エマニュエル・トッド ハジュン・チャン他
「ドイツ帝国」が世界を破滅させる　エマニュエル・トッド 堀 茂樹訳
シャルリとは誰か?　エマニュエル・トッド 堀 茂樹訳
問題は英国ではない、EUなのだ　エマニュエル・トッド 堀 茂樹訳
世界最強の女帝 メルケルの謎　佐藤伸行
ドナルド・トランプ　佐藤伸行
日本の敵　宮家邦彦
「超」世界史・日本史　片山杜秀
戦争を始めるのは誰か　渡辺惣樹
オバマへの手紙　三山秀昭
熱狂する「神の国」アメリカ　松本佐保

◆アジアの国と歴史

韓国人の歴史観 黒田勝弘
中国人の歴史観 劉 傑
中国4・0 エドワード・ルトワック 奥山真司訳
「南京事件」の探究 北村 稔
百人斬り裁判から南京へ 稲田朋美
旅順と南京 一ノ瀬俊也
新 脱亜論 渡辺利夫
中国共産党「天皇工作」秘録 城山英巳
外交官が見た「中国人の対日観」 道上尚史
中国の地下経済 富坂 聰
中国人一億人電脳調査 城山英巳
緊迫シミュレーション 日中もし戦わば マイケル・グリーン 張宇燕・春原 剛・富坂 聰
中国人民解放軍の内幕 富坂 聰
習近平の密約 加藤隆則 竹内誠一郎
現代中国悪女列伝 福島香織
中国停滞の核心 津上俊哉

日米中アジア開戦 陳 破空 山田智美訳
日中韓 歴史大論争 櫻井よしこ・田久保忠衛・古田博司 劉 江永・歩 平・金 燦栄・趙 甲濟・洪 熒
ソニーはなぜサムスンに抜かれたのか 菅野朋子
竹島は日韓どちらのものか 下條正男
在日・強制連行の神話 鄭 大均
東アジア「反日」トライアングル 古田博司
歴史の嘘を見破る 中嶋嶺雄編
〝日本離れ〟できない韓国 黒田勝弘
決定版 どうしても〝日本離れ〟できない韓国 黒田勝弘
韓国・北朝鮮の嘘を見破る 鄭 大均 古田博司編
韓国併合への道 完全版 呉 善花
侮日論 呉 善花
朴槿恵の真実 呉 善花
「従軍慰安婦」朝日新聞vs.文藝春秋 文藝春秋編
韓国「反日」の真相 澤田克己
金正日と金正恩の正体 李 相哲
女が動かす北朝鮮 五味洋治
北朝鮮秘録 牧野愛博

独裁者に原爆を売る男たち 会川晴之
「暗黒・中国」からの脱出 顔 伯鈞 安田峰俊編訳

◆考えるヒント

- 聞く力　阿川佐和子
- 叱られる力　阿川佐和子
- 坐る力　齋藤 孝
- 断る力　勝間和代
- 愚の力　大谷光真
- 選ぶ力　五木寛之
- 70歳！　五木寛之 釈 徹宗
- 生きる悪知恵　西原理恵子
- 家族の悪知恵　西原理恵子
- ぼくらの頭脳の鍛え方　立花 隆 佐藤 優
- 人間の叡智　佐藤 優
- サバイバル宗教論　佐藤 優
- 寝ながら学べる構造主義　内田 樹
- 私家版・ユダヤ文化論　内田 樹
- 誰か「戦前」を知らないか　山本夏彦
- 誰も「戦後」を覚えていない ［昭和20年代後半篇］　鴨下信一
- ユリ・ゲラーがやってきた　鴨下信一
- 民主主義とは何なのか　長谷川三千子
- 唯幻論物語　岸田 秀
- わが人生の案内人　澤地久枝
- 丸山眞男 人生の対話　中野 雄
- 勝つための論文の書き方　鹿島 茂
- 世界がわかる理系の名著　鎌田浩毅
- 東大教師が新入生にすすめる本　文藝春秋編
- 東大教師が新入生にすすめる本2　文藝春秋編
- 〈東大・京大式〉頭がよくなるパズル　東田大志・東大・京大パズル研究会
- 〈東大・京大式〉頭がスッキリするパズル　東田大志・東大・京大パズル研究会
- つい話したくなる 世界のなぞなぞ　のり・たまみ
- 成功術 時間の戦略　鎌田浩毅
- 一流の人は本気で怒る　小宮一慶
- 「秘めごと」礼賛　坂崎重盛
- 夢枕獏の奇想家列伝　夢枕 獏
- 常識「日本の論点」　『日本の論点』編集部編
- イエスの言葉 ケセン語訳　山浦玄嗣
- お坊さんだって悩んでる　玄侑宗久
- 静思のすすめ　大谷徹奘
- なにもかも小林秀雄に教わった　木田 元
- 日本版白熱教室 サンデルにならって正義を考えよう　小林正弥
- 泣ける話、笑える話　徳岡孝夫 中野 翠
- 金の社員・銀の社員・銅の社員　秋元征紘・田所邦雄 ジャイロ経営塾
- 何のために働くのか　寺島実郎
- 「強さ」とは何か。　宗 由貴・監修 鈴木義孝・構成
- 日本人の知らない武士道　アレキサンダー・ベネット
- 勝負心　渡辺 明
- 迷わない。　櫻井よしこ
- 議論の作法　櫻井よしこ
- 男性論　ヤマザキマリ
- 四次元時計は狂わない　立花 隆
- ニュースキャスター　大越健介
- 無名の人生　渡辺京二
- 坐ればわかる　星 覚
- 中国人とアメリカ人　遠藤 滋

脳・戦争・ナショナリズム　中野剛志・中野信子・適菜 収
不平等との闘い　稲葉振一郎
プロトコールとは何か　寺西千代子
それでもこの世は悪くなかった　佐藤愛子
僕たちが何者でもなかった頃の話をしよう　山中伸弥・羽生善治・是枝裕和・山極壽一・永田和宏
珍樹図鑑　小山直彦

◆教える・育てる

幼児教育と脳　澤口俊之
子どもが壊れる家　草薙厚子
こんな言葉で叱られたい　清武英利
著名人名づけ事典　矢島裕紀彦
人気講師が教える理系脳のつくり方　村上綾一
英語学習の極意　泉 幸男
語源でわかった！英単語記憶術　山並陞一
語源の音で聴きとる！英語リスニング　山並陞一
外交官の「うな重方式」英語勉強法　多賀敏行

◆サイエンス

もう牛を食べても安心か　福岡伸一
人類進化99の謎　河合信和
「大発見」の思考法　山中伸弥・益川敏英
原発安全革命　古川和男
ロボットが日本を救う　岸 宣仁
同性愛の謎　竹内久美子
太陽に何が起きているか　常田佐久
生命はどこから来たのか？　松井孝典
数学はなぜ生まれたのか？　柳谷 晃
嘘と絶望の生命科学　榎木英介
ねこの秘密　山根明弘
粘菌 偉大なる単細胞が人類を救う　中垣俊之
ティラノサウルスはすごい　小林快次監修・土屋 健
アンドロイドは人間になれるか　石黒 浩
サイコパス　中野信子
植物はなぜ薬を作るのか　斉藤和季

（2017. 3）E

◆社会と暮らし

池上彰の宗教がわかれば世界が見える　池上　彰
池上彰の「ニュース、そこからですか!?」　池上　彰
池上彰のニュースから未来が見える　池上　彰
ニッポンの大問題　池上　彰
「社会調査」のウソ　谷岡一郎
東京大地震は必ず起きる　片山恒雄
ヒトはなぜペットを食べないか　山内　昶
はじめての部落問題　角岡伸彦
サンカの真実　三角寛の虚構　筒井　功
世界130カ国自転車旅行　中西大輔
戦争遺産探訪　日本編　竹内正浩
日本の珍地名　竹内正浩
グーグル　Google　佐々木俊尚
2011年　新聞・テレビ消滅　佐々木俊尚
決闘　ネット「光の道」革命　孫　正義　佐々木俊尚
ネットの炎上力　蜷川真夫

フェイスブックが危ない　守屋英一
地図もウソをつく　竹内正浩
非モテ！　三浦　展
猫の品格　青木るえか
アベンジャー型犯罪　岡田尊司
私が見た21の死刑判決　青沼陽一郎
臆病者のための裁判入門　橘　玲
農民になりたい　川上康介
農協との「30年戦争」　岡本重明
食の戦争　鈴木宣弘
日中食品汚染　高橋五郎
生命保険のカラクリ　岩瀬大輔
がん保険のカラクリ　岩瀬大輔
歌舞伎町・ヤバさの真相　溝口　敦
詐欺の帝王　溝口　敦
潜入ルポ　ヤクザの修羅場　鈴木智彦
潜入ルポ　東京タクシー運転手　矢貫　隆
ルポ　老人地獄　朝日新聞経済部

ルポ　税金地獄　朝日新聞経済部
医療鎖国　中田敏博
いま、知らないと絶対損する年金50問50答　太田啓之
「親と子年表」で始める老いの段取り　三神万里子・解説　水木　楊・イラスト
列島強靭化論　藤井　聡
冠婚葬祭でモメる100の理由　島田裕巳
原発・放射能　子どもが危ない　小出裕章　黒部信一
「原発事故報告書」の真実とウソ　塩谷喜雄
日本の自殺　グループ一九八四年
ネジと人工衛星　塩野米松
女たちのサバイバル作戦　上野千鶴子
首都水没　土屋信行
日本人のここがカッコイイ！　加藤恭子編
あなたの隣のモンスター社員　石川弘子
ヘイトスピーチ　安田浩一
2020年マンション大崩壊　牧野知弘
女子御三家　桜蔭・女子学院・雙葉の秘密　矢野耕平
本物のカジノへ行こう！　松井政就

生き返るマンション、
死ぬマンション　荻原博子

「意識高い系」の研究　古谷経衡

子供の貧困が
日本を滅ぼす　日本財団 子どもの貧困対策チーム

児童相談所が子供を殺す　山脇由貴子

超初心者のための
サイバーセキュリティ入門　齋藤ウィリアム浩幸

闇ウェブ　セキュリティ集団スプラウト

予言者　梅棹忠夫　東谷　暁

(2017. 3) G　品切の節はご容赦下さい